Otto Henne am Rhyn

Die Jesuiten, deren Geschichte, Verfassung, Moral, Politik, Religion und Wissenschaft

Otto Henne am Rhyn

Die Jesuiten, deren Geschichte, Verfassung, Moral, Politik, Religion und Wissenschaft

ISBN/EAN: 9783742816658

Hergestellt in Europa, USA, Kanada, Australien, Japan

Cover: Foto ©Lupo / pixelio.de

Manufactured and distributed by brebook publishing software (www.brebook.com)

Otto Henne am Rhyn

Die Jesuiten, deren Geschichte, Verfassung, Moral, Politik,

Religion und Wissenschaft

Inhalt.

Vorwort.

Mit einem einer bessern Sache würdigem Feuereifer verlangen die ultramontanen Parteien Deutschlands und der Schweiz immer wieder von neuem die Rückkehr des Jesuitenordens in diese Länder, aus denen derselbe, durch die Bundesverfassung hier, durch Gesetze dort, zur Zeit verbannt ist. Ohne sich anzumaßen, daß seine Stimme eine maßgebende sei, will der Verfasser lediglich den beiden Völkern germanischer Abkunft, von denen er das eine als das seines Vaterlandes, das andere als das seines Stammes, seiner Sprache und Kultur liebt, zu bedenken geben, ob sie jenen Stimmen der Rückkehr zu überwundenen Standpunkten eine Berechtigung zuerkennen oder ihnen nicht lieber widerstehen wollen. Der Verfasser wünscht und hofft das letztere, und zwar nicht etwa aus irgend einem Grunde der Opposition gegen die katholische Kirche, die er aufrichtig achtet und ehrt, sondern vielmehr, weil er aus tiefster, innigster Überzeugung die sich so nennende „Gesellschaft Jesu" als einen gefährlichen Feind jener Kirche in ihrer Reinheit, und ihre Lehren als das gerade Widerspiel der ursprünglichen Kirchenlehre betrachtet. Diese Ansicht hat der Verfasser nach reiflichem Studium aus den Schriften der Jesuiten selbst geschöpft. Er führt demnach in diesem Büchlein zur Unterstützung derselben beinahe ohne Ausnahme die Schriften der Jesuiten selbst an. Wollte man dabei etwa die Einwendung gelten machen, diese Bücher seien nur Werke einzelner Jesuiten und nicht die Stimme des Ordens, so antworten wir mit dem „Institutum Societatis Jesu, auctoritate congreg. gener. XVIII etc. (Prag 1757), Vol. I. p. 372: „Verschiedene Lehrmeinungen sollen nicht gestattet werden, weder in Predigten oder in öffentlichen Vorlesungen, noch in Büchern, welche ohne Approbation und Gutheißung des Ordensgenerals nicht herausgegeben werden dürfen." Auch die Konstitutionen des Ordens verbieten (VIII, 1. 8) die Veröffentlichung irgend eines Buches ohne Erlaubnis des Generals, sowie die Billigung neuer Ansichten ohne Zustimmung der ganzen Gesellschaft. „Sind die katholischen Lehrer, sagt dasselbe Gesetzbuch, über einen Punkt im Streite, so müssen alle Jesuiten nur eine Meinung darüber annehmen, nämlich die der Gesellschaft vorteilhafteste (magis conveniens Nostris.)" In der That sind sämtliche in diesem Buche angeführte Schriften von Jesuiten „mit Erlaubnis der Oberen" erschienen. Daß in dem Orden auch heute „doctrinae differentes" nicht statthaft sind, daß der Geist des Ordens derselbe geblieben ist und die heutigen Jesuiten in die Erbschaft der alten eingetreten sind, ergiebt sich aus einer Vergleichung der letzteren mit den, wie im Orden selbst, so auch bei der römischen Curie, hochangesehenen und maßgebenden Jesuitenvätern Gury, Liberatore, Moullet, Lehmkuhl und anderen, die unsere Zeitgenossen und deren Lehren in der römisch-katholischen Welt unbestritten anerkannt sind.

Leider wird durch die Verbannung des Jesuitenordens der Jesuitismus von den betreffenden Ländern nicht fern gehalten, sondern erfreut sich einer zunehmenden Geltung in den maßgebenden Kreisen der katholischen Kirche. Es ist dieser Umstand im Interesse der Kirche selbst tief zu beklagen, nicht nur weil er die Ehrfurcht verdienende Würde der Kirche beeinträchtigt, sondern weil er ihr unermeßlichen und stets zunehmenden, teils öffentlichen, teils geheimen Abfall zuzieht, so daß die Zeit vorauszusehen ist, für Jeden nämlich, der nicht blind sein will, in welcher die katholische Kirche nur noch aus einer Partei bestehen und keinen Anspruch mehr darauf haben wird, als die zur Allgemeinheit bestimmte Eine Heerde unter Einem Hirten verehrt zu werden. Darauf hin arbeiten die Jesuiten, darauf hin mit ihnen ihre gegen alle ihnen unbequemen Thatsachen blinden und tauben Anhänger. Würden daher die Behörden Deutschlands und der Schweiz die Verbannung des Jesuitenordens aufheben, so würden sie damit anerkennen, daß der in der Kirche sich immer breiter machende jesuitische Geist der wahre Geist des Katholizismus und berechtigt sei, die Kirche zu regieren. Ja, die Mehrheit eines Deutschen (!!) Reichstages hat diese Anerkennung, in teils bewußter, teils unbewußter Unkenntniß der Geschichte, bereits ausgesprochen. Glücklicher Weise aber steht der Vollzug dieses undeutschen Beschlusses auf weitem Felde. Halten aber jene Behörden die Ausweisung der Jesuiten aufrecht, — auch ohne deßhalb den Jesuitismus verbannen zu können, so verweigern sie damit jene Anerkennung und brandmarken das Jesuitentum als das, was es ist, als einen Ausfluß der Unduldsamkeit, Verfolgung und Herrschsucht, kurz als eine Erscheinung, welche nicht nur keine Berechtigung im heutigen Staatsleben hat, sondern nicht einmal eine solche in der katholischen Kirche haben sollte. Man wird uns wahrscheinlich einwenden, die katholische Kirche, welche den Jesuitenorden hoch halte, werde am besten wissen, was zu ihrem Heile diene. Dem ist zu entgegnen, daß der zufällige heutige Stand der Dinge nicht als ein für alle Zeiten gültiger anzuerkennen ist. Ein edler Papst hat vor 120 Jahren den Jesuitenorden verurteilt und aufgehoben. Die beiden unter dem letzten Papste vor dem jetzigen als

verbindlich erklärten Dogmen von der unbefleckten Empfängnis
Marias und von der Unfehlbarkeit des Papstes sind inner-
halb der katholischen Kirche bis zu ihrer Verkündigung streitig
gewesen, und in früheren Zeiten sind ihre Anhänger wiederholt der Ketzerei beschuldigt worden. Die katholische Kirche
hat demnach nicht immer Eines und dasselbe zu ihrem Heile
als förderlich erachtet, sondern verschiedene Wandlungen
durchgemacht. Es muß daher dem Staate das Recht gewährt
werden, diesen Wandlungen, soweit sie seine Interessen
berühren, ein Halt zuzurufen und nicht zuzugeben, daß eine
Gesellschaft, welche Grundsätzen huldigt, die bei allgemeiner
Anerkennung alle Grundlagen der öffentlichen Ordnung und
Sittlichkeit untergraben müßten, bald geduldet, bald bevor-
zugt und bald verdammt werde, sondern fürzusorgen, daß
sie für immer verbannt bleibe.

Der Verfasser hätte an die Herausgabe dieses Büchleins
nicht gedacht, wenn nicht, wie bereits angedeutet, gerade
gegenwärtig in „katholischen“ Versammlungen statt anderer
Fragen, welche der Kirche förderlicher wären, neben dem
Rufe nach Wiederherstellung der weltlichen Gewalt des Papstes,
derjenige nach Rückkehr der geistlichen Orden den meisten
Lärm verursachte. Jenen ersten Ruf halten wir für durchaus fruchtlos und berücksichtigen ihn nicht weiter, so anmaßend
es auch von Deutschen, Schweizern, Franzosen, Belgiern re.
ist, über die staatliche Zugehörigkeit eines Teiles des italienischen
Volkes verfügen zu wollen, welcher die päpstliche Herrschaft
gar nicht haben will. Anders ist es mit den Orden. Gegen
die Duldung eigentlicher Klöster von Männern sowohl als
Frauen, haben wir unter gewissen Einschränkungen nichts
einzuwenden; denn schrankenlos ist auch die Freiheit der
Weltkinder nicht und darf es nicht sein. Aber es wäre
immerhin möglich, daß mancherlei Einflüsse auch für die
Jesuiten Freiheit erlangen könnten. Wir vermöchten jedoch
eine Freiheit dieses Ordens nicht für heilsam zu halten

und werden dies auf den folgenden Blättern näher begründen.
Man hat die Jesuiten als heilsamen Schutz gegen sozialen
Umsturz angepriesen. Aber als die Gräuel von Charleroi,
London, Chicago und Barcelona alle Welt schaudern machten
und auch an einigen Orten Frankreichs anarchistische Excesse
vorfielen — wo waren da die in Belgien, Frankreich, England,
Spanien und Amerika geduldeten Jesuiten?

Gegenüber dem teilweise kindischen Gezeter, welches
die ultramontane Presse über dieses Büchlein erhob, er-
widert der Verfasser nichts weiter, als daß er an seinem
Grundsatze, nur die Quellen sprechen, sich von keinerlei
Tendenzschriften für oder wider die Jesuiten leiten zu lassen
und sich jeder leidenschaftlichen Äußerung zu enthalten, nicht
nur festhält, sondern ihn noch weiter ausdehnt. Was aber
die vielfach bemängelte geschichtliche Einleitung betrifft,
so ist diese eben nur für solche Leute geschrieben, welche die
Gründe ihrer Abfassung zu verstehen imstande sind.

Der Verfasser beruft sich auch fernerhin auf sein gutes
Recht; denn sein Standpunkt ist derjenige der Verfassung seines Vaterlandes, wessen sich seine Gegner
nicht rühmen können.

St. Gallen im Januar 1894.

I. Einleitung in die Geschichte des Jesuitenordens.

aß der sich in Deutschland (und ebenso in der Schweiz) kundgebende Widerstand gegen die Aufhebung des Jesuitengesetzes, welches diesen Orden aus dem Reiche (in der Schweiz gegen die Aufhebung des Verfassungsartikels der ihn aus der Eidgenossenschaft) verbannt, lediglich oder auch nur vorzugsweise einer Angst der Protestanten vor den Jesuiten entspringe, halten wir für durchaus falsch, ja nicht nur für dies, sondern für eine totale Verkennung des Charakters des deutschen Volkes (bez. des Schweizervolkes). Nicht nur die Protestanten, soweit sie nicht für Rom gewonnen oder auf dem Wege sind, es zu werden, sondern auch alle gebildeten Katholiken, welche nicht von der ultramontanen Partei irgendwie abhängig sind, hassen die sog. Gesellschaft Jesu grundsätzlich; nur dürfen es die Letzteren, soweit sie in der römischen Kirche verbleiben wollen, nicht sagen, weil diese Kirche seit geraumer Zeit, d. h. seit der Abwendung Pius IX. von liberalen Ansichten (1840), von den Jesuiten beherrscht wird. Dieser Haß hat nichts mit Angst oder Furcht zu thun; er ist ein echt germanischer gesunder Haß, ein Haß gegen diejenige Gesellschaft, welche mit der größten Ausdauer alles das befehdet und herabwürdigt, was der deutschen Nation (als Ganzes genommen) teuer und heilig ist. Es handelt sich dabei durchaus nicht um den Protestantismus, obschon es die Jesuiten waren, welche ihn im 16. und 17. Jahrhundert von neun Zehntel der Deutschen auf die Hälfte herabgebracht haben. Es handelt sich auch nicht um Mißkennung der Verdienste des Jesuitenordens in Ausbreitung des Christentums, in manchen Zweigen der Wissenschaft, in Armen- und Krankenpflege u. s. w. Es handelt sich vielmehr um das System der Jesuiten, welches erstens den Fortschritten der Wissenschaft im ganzen und großen, zweitens der Gedankenfreiheit und drittens der deutschen Kultur durchaus feindlich ist. Wir wollen hier nicht von der Moral sprechen, in welchem Fache die meisten derjenigen Jesuiten, die darüber mit Bewilligung der Oberen geschrieben, dem unsittlichen Probabilismus huldigen, und zwar deshalb nicht, weil der in allzu freier Ausdrucksweise ihr System zeichnende Wahlspruch „der Zweck heiligt die Mittel" auch derjenige der meisten Nichtjesuiten und sogar vieler Jesuitengegner ist. Es darf aber daran erinnert werden, daß die Jesuiten die Urheber jenes päpstlichen Syllabus sind, welcher alle Errungenschaften der neueren Zeit, namentlich aber die Unabhängigkeit der Staaten und die Gewissensfreiheit verdammt, daß sie noch heute am Teufels-, Hexen- und Zauberglauben festhalten und daß sie es sind, welche den ohnehin allzu materiellen Glauben des ungebildeten Volkes durch den Herz-Kultus und andere geistlose Gebräuche noch materieller und ideenloser zu gestalten suchen. Um die Geschichte der Entstehung des Jesuitenordens richtig zu würdigen, müssen wir einige Blicke auf die allgemeine Geschichte der christlichen Völker vor jenem Ereignisse werfen, ohne welche das letztere nicht völlig verständlich wäre. —

Das Christentum fand bei seiner Einführung in Europa

bereits den Antagonismus der romanischen und der germanischen Völker vor, — Jene ohne gemeinsame Abstammung, lediglich durch die römische Sprache und Kultur zusammengehalten, — Diese von gemeinsamer Abkunft, noch frisch an Kraft, noch unangefressen durch die Überfeinerung und Entartung der römischen Sitten und Unsitten. Es konnte nicht fehlen, daß das Christentum bei den Romanen und Germanen ebenso verschiedene Gestaltungen annahm, wie dies bei den Völkern von griechischer Sprache und Kultur im Osten Europa's und in Vorderasien der Fall war. Während jedoch Letztere ein abgeschlossenes Gebiet bewohnten, lebten Germanen und Romanen seit der großen Völkerwanderung nicht nur hart neben, sondern zum Teil auch untereinander. Soweit dies letztere der Fall war, durchdrangen sich natürlich germanische und romanische Auffassung des Christentums; soweit aber beide Stämme gesondert wohnten, machte sich die besondere Auffassung beider mehr geltend. Im skandinavischen Norden erhielten sich die Erinnerungen an das germanische Heidentum noch lange, und noch unter der Herrschaft des Christentums wurden sie in der Ebba gesammelt. In Deutschland wurden diese Erinnerungen durch die romanischen Apostel, besonders durch den romanisierten Angelsachsen Bonifatius, bis auf wenige Reste, die sich in die heimliche Welt des Märchens und der Volksgebräuche flüchteten, zerstört; dennoch blieben die Benennungen der meisten Wochentage nach den alten Asen im Gebrauche. Ebenso behielten in den romanischen Ländern die Wochentage die Namen der römischen Götter, und zwar mit Zustimmung der Kirche, und blieben römische Sitten vielfach mit christlicher Färbung bestehen.

Seitdem der große Kaiser Karl, ungeachtet mancher Blößen einer der hervorragendsten Kulturhelden in der Weltgeschichte, den allgermanischen Überlieferungen seine Aufmerksamkeit zuwandte, hatten dieselben, unbeirrt durch seines

Sohnes. Ludwigs des Frommen, Eifer in Unterdrückung derselben, unter den Teutschen wieder Fuß gefaßt. Obschon diese mit allen Abendländern den Primat des Bischofs von Rom anerkannt hatten, weil man einmal gewohnt war, Rom als die Hauptstadt der Welt zu betrachten, behaupteten sie doch das Recht, das Christentum in ihrer Weise aufzufassen. Das Kaisertum, welches sie an ihren Stamm gefesselt hatten, machte dem romanischen Papsttum gegenüber den germanischen Geist geltend, welcher im „heiligen römischen Reiche deutscher Nation" die Oberhand über das Römertum behauptete, bis der schwache Heinrich IV., den sein Unglück schon als Kind mit der Krone geschmückt, sein Träger wurde, und erhob sich, nach seinem Fall unter diesem Schwächling. unter den gewaltigen Staufern von neuem. Die deutsche Dichtung des Mittelalters bewahrte in ihren bedeutendsten Werken eine von Rom unabhängige Gesinnung. In dem Gedichte „Heljand", obschon es bereits unter Ludwig dem Frommen entstand, erscheint Christus nicht etwa wie ein Papst, Kardinal oder Bischof, sondern wie ein königlicher Held, seine Jünger wie sein Gefolge und das Abendmahl wie ein Heldengastmahl. Nach Äußerungen des Extrems christlicher Demut sucht man darin vergebens, und die heidnischen Vorstellung werden so viel als möglich geschont. Im gewaltigen Nibelungenliede der Staufenzeit kommt nur sehr wenig christliches, vom Papsttum gar nichts vor. Noch auffallender aber ist im Parzival, diesem Werke von durchaus christlich-frommer Färbung, die vollständige Abwesenheit jeder Erwähnung der römischen Hierarchie. Nicht einmal die Dreieinigkeit wird genannt; das Geheimnis vom Opfertode des Menschensohnes wird nicht von Geistlichen in einer Kirche, sondern von Rittern in einer wunderbaren Burg gehütet, und ein „Heide", d. h. Mohammedaner, ist der Bruder des christlichen Helden.

Mit der kaiserlosen, der schrecklichen Zeit brach die

Herrlichkeit des Reiches zusammen, in welchem die Zeitgenossen ein christliches Weltreich erblickt hatten. Die Verbindung eines Teiles der Teutschen mit dem Papsttum gegen das Kaisertum, d. h. mit dem romanischen gegen den germanischen Geist, hatte dieses traurige Ergebnis einer ruhmvollen Geschichte herbeigeführt. Aber das Papsttum hatte sich dieses Erfolges nicht zu freuen. In eben jener Zeit tauchten auch die Anzeichen einer Zersetzung der Kirche auf. Satirische Anspielungen auf Papsttum und Geistlichkeit fanden sogar an den gotischen Domen in Bildhauerarbeiten der Steinmetzen ihren Platz. Zahlreiche Sekten entstanden mit der Tendenz, der römischen Hierarchie gegenüber die altchristliche Einfachheit wieder einzuführen. Im vierzehnten Jahrhundert zerfiel sogar das Papsttum in feindliche Parteien unter zwei bis drei Päpsten. Es war eine allgemeine Reaktion gegen die Einheitsbestrebungen sowohl des Reiches als der Kirche eingebrochen.

Ihren Gipfel erreichte die Zersplitterung des Reiches und der Kirche in der Kirchentrennung oder Reformation. Die unter diesem Namen bekannte politisch-religiöse Bewegung des 16. Jahrhunderts ist kein zu dieser Zeit plötzlich und unerwartet auftauchendes Ereignis, durch welches die Kirche Christi frevelhafter und tückischer Weise zerrissen worden, sondern einfach der einstweilige Schlußpunkt einer seit den ersten Jahrhunderten der Existenz des Christentums beharrlich fortgeführten, in den politischen, kirchlichen, wissenschaftlichen und künstlerischen Verhältnissen, besonders in den zahlreichen Sekten klar genug ausgesprochenen Opposition gegen das in der Kirche herrschend gewordene System und dessen Glaubenszwang. Nicht die Reformatoren haben die Reformation gemacht, um heiraten zu können, wie oft behauptet wird, obschon in diesem Wunsche durchaus nichts Unrechtes liegt, derselbe vielmehr als ein sehr tugendhafter erscheinen muß gegenüber dem kurz vor der Reformation

herrschend gewordenen Konkubinenleben der Geistlichen, bei
dem man allen Lüsten fröhnen konnte, ohne zu heiraten,
wie die Urkunden jener Zeit und die Berichte strengkatholischer
Zeitgenossen (wie Sebastian Brant, Thomas Murner, Eras-
mus von Rotterdam u. a.) genugsam darthun. In der Reformation ist vielmehr zum Ausbruche gekommen, was längst
vorbereitet und reif dazu war, nämlich die Empörung
des germanischen Geistes gegen das herrschend gewordene romanische Element. Das Ansehen der Kirche
war durch ihre Entartung im fünfzehnten Jahrhundert so
tief gesunken, daß mit der neuen Bewegung die mannig-
faltigsten Ausschreitungen verbunden waren, von denen jede
den herrschenden Übelständen auf einem andern Wege bei-
zukommen suchte. Die alte Autorität war gebrochen, vorzugsweise durch ihre eigene Schuld, und eine neue war
noch nicht an ihre Stelle getreten. Dies rächte sich sowohl
auf politischem Gebiete durch den blutigen Bauernkrieg von
1525, als auf dem religiösen Felde durch unheilvolle Zer-
splitterungen. Zahlreiche Reste jener Gemeinden, welche
während des Mittelalters den urchristlichen Gedanken fort-
zuführen gesucht hatten und dafür als Ketzer verfolgt worden
waren, verschmähten es, sich an die Reformation anzu-
schließen, weil diese lediglich eine Staatskirche statt der freien
Gemeindekirche anstrebte, und wurden deshalb sowohl von
katholischen als von protestantischen Machthabern blutig unterdrückt. Unter diese Leute, welche man irrig Wiedertäufer
nannte, weil sie in altchristlicher Weise nicht Kinder, sondern
nur Erwachsene, Gläubige tauften, drängten sich allerlei
unlautere Elemente, welche die freiere religiöse Richtung
durch ihren religiös-politischen Wahnsinn in den Augen der
Nachwelt in einen unverdienten Mißkredit brachten. Von
diesen Elementen aber wurde ein Ereignis in Scene gesetzt,
welches jenen Wahnsinn auf die Spitze trieb, nämlich die
Errichtung des „Königreichs Zion" in der westfälischen

Stadt Münster, das so blutig unterging, — und diese
Thatsache erscheint um so bemerkenswerter, als damit in
merkwürdiger Weise von Seite des Wahnwitzes derselbe
Grundgedanke zu verwirklichen gesucht wurde, welchen die
Jesuiten von Seite der äußersten Klugheit verwirklichten,
nämlich die Gründung eines geistlichen Reiches mit dem
Ziele, die gesamte Menschheit zu umfassen.

II. Stiftung und Wachstum des Jesuitenordens.

Im Verlaufe der Kämpfe des Reformationszeitalters hatte die protestantische Richtung eine solche Ausdehnung gewonnen, daß ihrer römischen Gegnerin bange werden, daß ihr geradezu der Sturz ihres geistlichen Weltreiches als furchtbares Phantom vor Augen schweben mußte. Da hieß es für sie: Sein oder Nichtsein, Handeln oder Untergehen. Zum Handeln bedurfte es aber einer Macht, und zwar einer mit Waffen des Geistes angreifend vorgehenden. Diese Macht konnte nicht das Papsttum sein: denn sowohl die Päpste, welche unmittelbar vor, als Jene, welche während der Kirchentrennung regierten, hatten durch ihre Schwäche, Frivolität, Habsucht und Charakterlosigkeit den Stuhl Petri vor der Christenheit um alles Ansehen gebracht. Die Waffen gegen die Fortschritte des Protestantismus mußten daher einem andern Zeughause entnommen werden, als jenem an der Tiber. Und dasselbe fand sich in dem glaubensvollen S p a n i e n, das so eben einen achthundertjährigen Kampf gegen die Feinde der Christenheit glücklich beendet hatte und daher in seinem Eifer noch frisch, in seinem Glauben noch nicht von der Zweifelsucht der neuen Welt angefressen war. Das fromme Rittertum dieses fana-

tischen Landes erzeugte den Helden, dem eine Wieder-
belebung des Katholizismus, eine Rückeroberung vieler seiner
verlorenen Provinzen, eine neue Befestigung des wankenden,
römischen Stuhles vorbehalten war, — wenn auch nicht
seiner Person, -- doch seiner Schöpfung.

Wenn der in dem Gehirne des Miguel Cervantes
de Saavedra geborene scharfsinnige Junker Don Quijote
de la Mancha, der Ritter von der traurigen Gestalt, wirklich gelebt hätte und es ihm gelungen wäre, ein neues
Rittertum nach seiner Phantasie zu begründen, das durch
realistischere Nachfolger eine praktische Gestalt angenommen
hätte, — diese Erscheinung wäre nicht wunderbarer gewesen,
als die Stiftung der Gesellschaft Jesu, b. h. die Wiedererweckung des durch die Reformation begraben geglaubten
Mönchtums in einer neuen, zeitgemäßern Gestalt. Der
Träger dieser Stiftung, Don Inigo (Ignaz) Lopez de
Recalbe, geboren 1491 auf dem Schlosse Loyola in der
baskischen Provinz Guipuzcoa, und danach benannt, wurde
im Jahre 1521 als Soldat bei der Verteidigung von
Pampelona gegen die Franzosen schwer verwundet und blieb
infolge einer gefährlichen Operation am zerschmetterten Beine
hinkend. Hierdurch kriegsuntüchtig geworden, verwandelte
ihn auf seinem Schmerzenslager das Lesen des Lebens der
Heiligen in einem Krieger Gottes und der Jungfrau. Es
ist sehr natürlich, daß er bei dieser aufregenden Lektüre im
Wundfieber Visionen hatte, in denen ihm die Jungfrau
mit dem „Jesuslinde" erschien. Da gab er zu ihren Gunsten
alle Welllust auf und widmete sich einem heiligen Leben.
Als Ritter Mariens wachte er eine Nacht vor ihrem wunder-
thätigen Bilde auf dem Berge Montserrat bei Barcelona,
hängte am Morgen sein Schwert am Altar auf, verschenkte
sein weltliches Kleid und sein Geld, umhüllte sich mit einem
„Sacke" und umgürtete sich mit einem dicken Seile. Dann
lebte er als umherziehender Bettler, fastete, betete, peitschte

2*

sich, legte eine eiserne Kette und einen Dornengürtel um
den Leib und brachte es durch diese Kasteiungen dahin, daß
er in der Messe, als der Priester die Hostie erhob, in derselben deutlich den Leib und das Blut Christi erkannte.
Er hatte Ekstasen und Gesichte in Menge, predigte vor dem
Volke, belehrte Sünder, nahm die berühmte Losung: ad
majorem Dei gloriam (zur größern Ehre Gottes) an, wall-
fahrtete nach dem heiligen Lande, begann nach seiner Rückkehr, obwohl schon 33 Jahre alt, lateinisch zu lernen, und
studierte in Alcala Philosophie und in Salamanca Theologie.
Allein die Wissenschaften störten mit dem in ihnen ver-
borgenen „Gifte" seine Frömmigkeit, und sein religiöser
Eifer brachte ihn bei der Inquisition in den Verdacht eines
Ketzers und an seinen beiden Studienorten in das Gefängnis,
aus dem er jedoch nach einigen Wochen entlassen werden
mußte, weil nichts gegen ihn entdeckt wurde. Er mußte
finden, daß in dem aller Neuerung feindlichen Spanien für
ihn nichts zu wirken sei und begab sich daher zu Fuß nach
Paris, wo er seine Lernzeit noch einmal von vorne begann
(weil dort die Anforderungen strenger waren als in Spanien),
und wo er zwar ebenfalls bei der Inquisition der Dominikaner
verzeigt, aber nicht in Untersuchung gezogen wurde. Er
sammelte nun sechs junge Männer um sich, drei Spanier,
einen Portugiesen, einen Navarresen und einen Savoiarden,
welche er für seinen Plan gewann, nach Jerusalem zu gehen,
wenn dies aber nicht möglich sei, sich dem Papste anzubieten,
daß er sie hinsende, wohin er wolle. Gemeinsam ver-
pflichteten sie sich dann 1534 am Feste der Himmelfahrt
Mariens in der unterirdischen Kapelle der Kirche von
Montmartre, nach Einnahme des Abendmahles und Ablegung der drei mönchischen Gelübde, zur Ausführung jenes
Planes. Das war die feierliche und geheimnisvolle Stiftung
des Jesuitenordens. Rastlos begannen seine Stifter ihr
Werk mit Befestigung der Katholiken im Glauben, Zurück-

führung der Zweifelnden in den Schoß der Kirche und
Stärkung derselben gegen die „häretische Pest der Zeit,"
wie der Geschichtschreiber und Lobredner der Jesuiten,
Professor Buß, die Reformation nennt. Die Mittel zum
Leben und Wirken gaben ihnen, wie Loyola's Briefe zeigen,
spanische Freunde und Freundinnen in Hülle und Fülle.
In Venedig trafen sich dann die Genossen, durch einen
Savoiarden und zwei Franzosen auf zehn vermehrt; sie
hatten auf dem Wege alle Tage die Messe gehört und
kommunizirt und trugen stets den Rosenkranz um den Hals,
um in ketzerischen Gegenden ihren Glauben offen zu bekennen.
Die Kriegsereignisse der Zeit verhinderten ihre Reise nach
dem heiligen Lande; sie stellten sich daher Paul III., dem
ersten Papste seit der Kirchentrennung, welcher wieder ein
wirklicher Papst war, vor, welcher sie ermutigte und unterstützte. Sie ließen sich, soweit sie es nicht schon waren, zu
Priestern weihen, zogen aber zerlumpt in Italien umher
und zeichneten sich vor der damaligen Masse der Geistlichen
durch ein äußerst strenges Leben aus. Im Jahre 1537
beschlossen sie, sich in Rom niederzulassen, und Loyola gab
nun seiner Gesellschaft den Namen „Compagnie Jesu",
womit er ausdrücken wollte, daß sie eine Schaar geistlicher
Krieger im Dienste Jesu und seines irdischen Stallhalters
werden solle. In Rom durchaus nicht günstig aufgenommen
und von dem üppigen Klerus verfolgt und angefeindet, ja
als Ketzer beschuldigt, wußten sich die ersten Jesuiten durch
die Energie und Redegewandtheit ihres Stifters gegenüber
allen ihren Neidern geltend zu machen und empfingen von
Paul III. hohe Beweise der Gunst, worauf sie den gewöhnlichen drei Gelübden ein viertes, das der unbedingten Hin-
gabe an den Papst beifügten. Noch hatten sie Feinde unter
den Karbinälen; aber fürstliche Gönner wirkten für sie, und
am 27. Sept. 1540 bestätigte der Papst durch die Bulle
„Regimini militantis ecclesiae", die von Loyola entworfene

Verfassung der Gesellschaft. „Der Zweck derselben war,"
sagt ein neuerer Schriftsteller, „der Kampf gegen die
Ketzerei mit allen nur möglichen Mitteln: Predigt,
Unterricht, litterarischen, gelehrten und politischen Schriften,
List und Gewalt, Einfluß der Großen und Mächtigen,
Kerker und Scheiterhaufen." Loyola sagte: „Ich glaube
nicht den Kriegsdienst verlassen, sondern nur ihn auf Gott
übertragen zu haben." Natürlich wurde er sofort zum ersten
General des Ordens gewählt. Er selbst gab bei der Wahl
ein weißes Blatt ab und war sicher genug, daß seine formelle
Ablehnung nicht angenommen wurde. Er lebte ganz seinem
Ziele und warf jede andere Rücksicht von sich. Sein sitten-
reiner Charakter ahnte zwar nicht jene äußersten Grundsätze,
die später von so vielen seiner Jünger verkündet wurden,
legte aber doch den Grund dazu durch seinen Ausspruch,
„Vorzügliche Klugheit, vereint mit mittelmäßiger Heiligkeit
ist mehr wert, als größere Heiligkeit mit minderer Klugheit."
Denn er war nicht nur ein idealer Schwärmer, sondern
auch ein kluger Praktiker, der bei der Aufnahme neuer Mitglieder, wie sein Sekretär Polanco sagt, mehr auf die Festig-
keit des Charakters und Geschicklichkeit für die Geschäfte,
auf Verstand, Lebensklugheit und angenehmes Äußere sah,
als auf Güte und Frömmigkeit, und in seinen späteren
Jahren die Kasteiungen des Körpers nicht nur aufgab,
sondern sie auch seinen hervorragenden Mitarbeitern in ent-
schiedenster Weise abriet.

Die „Gesellschaft Jesu" nahm nach ihrer Bestätigung
rasch zu. Loyola gab ihr sofort einen durchaus inter-
nationalen Charakter. Kein Mitglied ließ er in seinem
Vaterlande; ein jedes sandte er in die Fremde, wo es
keine Bande der Verwandtschaft oder Freundschaft fesselten.
Sechs Jahre nach der Stiftung zählte der Orden bereits
mehrere hundert Mitglieder und war in allen Ländern vertreten, so hart er auch in vielen derselben mit der durch die

Eiferſucht der übrigen Orden und der Weltgeiſtlichkeit erregten Abneigung der Bevölkerung zu kämpfen hatte.
Selbſt in dem Vaterlande des Stifters, in Spanien,
traf der Orden auf entſchiedenen Widerſtand. Die Dominikaner nannten die Jeſuiten, von denen ſie ihr Anſehen
als Inquiſitoren bedroht glaubten, die Vorläufer des Anti-
chriſts. Alcala und Salamanca eiferten gegen die Stiftung
ihres Schülers. Der Kardinal-Erzbiſchof von Toledo unter-
ſagte die Beichte bei ihnen, und in Saragoſſa erhob ſich ein
Volksaufſtand gegen ſie. Erſt Franz Boria, Herzog von
Gandia, der dem Orden ſelbſt beitrat, verſöhnte Spanien
mit ſeinem Kinde.

In Frankreich verdammte die Sorbonne (theologiſche
Fakultät von Paris) 1554 den Orden und nannte ihn
„gefährlich für den Glauben, dazu angethan, den Kirchen-
frieden zu ſtören, die Mönchsorden umzuſtürzen und ge-
eigneter zu zerſtören als aufzubauen.“ Endlich aber erkannten
die katholiſchen Franzoſen in den Jeſuiten die beſten Bun-
desgenoſſen gegen den Proteſtantismus und ließen ſie zu.

Die Zahl der Angehörigen des Ordens war in der
Beſtätigungsbulle auf 60 beſchränkt; aber Loyola hielt ſich
nicht daran, ſondern verſtand darunter nur die Profeſſen,
den oberſten Grad. Aber bereits 1543 hob der wohl-
wollende Papſt, der dieſe Armee gegen die Reformation zu
würdigen wußte, jene Beſchränkung auf und häufte ſeitdem
auf den Orden ein Privilegium nach dem andern.

„Im Jahre 1545 übertrug er dem Orden die ausge-
breiteſten Vollmachten zur Verwaltung der Euchariſtie, der
Beichte und Abſolution in allen Teilen der Welt, ſowie zur
Predigt. Zwei Jahre ſpäter befreite er die Jeſuiten auf
ewige Zeiten von der Verpflichtung, die Frauenklöſter zu
überwachen. Am 18. Oktober 1549 gewährte er ihnen durch
die Bulle „licet debitum“ ein für allemal ſämtliche Privilegien der Mönchsorden, beſonders dasjenige, für alle Ver-

geben, die nach kanonischem Rechte dem heiligen Stuhle
vorbehalten waren, allen ihren Angehörigen und Untergebenen Ablaß zu erteilen.*) Diese letztere Vollmacht
erlosch sonst während der Dauer des Jubeljahres — aber
Papst Julius III. setzte eine Ausnahme für die Jesuiten
fest, für welche diese Beschränkung niemals vorhanden sein
sollte. Im Jahre 1551 bedrohte er mit der großen Exkommunikation und allen Strafen, die aus derselben erflossen,
diejenigen, welche die Einrichtungen, Rechte und Privilegien
der Gesellschaft angreifen, oder ihre Mitglieder in der ge-
setzlichen Ausübung ihrer Funktionen behindern würden."
(M. Philippson, Westeuropa im Zeitalter von Philipp II.
u. f. w., Berlin 1882, Einleitung, S. 36 und 37. Vergl.
Cretineau-Joly, Geschichte der Gesellschaft Jesu, deutsche
Ausg. Bd. I. S. 114 und 115 N. 10).

Durch Versprechungen der Hilfe des Ordens, sowie
durch Schmeicheleien und unterwürfiges Benehmen, wie der
Jesuit Orlandino, der Geschichtschreiber des Ordens sagt,
gewann der Stifter die Gunst der katholischen Fürsten und
Machthaber. Seine Briefe zeigen, daß er sich nicht scheute,
den Mächtigen eine Teilung von Gütern anderer Orden
zwischen ihnen und seiner Gesellschaft vorzuschlagen und bei
ihnen zu betreiben, so in Baiern und bei Karl V. bezüglich
Spaniens, wo aber das Unternehmen bei der Abneigung
dieses Monarchen gegen alle seine Oberherrschaft beeinträch-
tigenden Bestrebungen nicht glückte. In der Mitte des
Jahrhunderts entstand am Sitze des Generals die erste Lehranstalt des Ordens, das Collegium romanum, das schon
nach fünf Jahren hundert Schüler in alle Welt sandte.
In der Zwischenzeit war auch das Collegium germanicum

*) .... ab omnibus et singulis eorum peccatis ... necnon a
quibus vis excommunicationis, suspensionis et interdicti, aliis que
ecclesiasticis et saecularibus sententiis, censuris et poenis, .. absolvero.
Bullarium romanum tom. I. p. 782, § 8.

gegründet worden, mit dem Zwecke, durch Deutsche in Teutschland gegen die reformatorische Bewegung zu wirken, die
bereits neun Zehntel des Reiches ergriffen hatte.

Bei dieser Sachlage mußte Deutschland das Hauptziel
des Kampfes der Jesuiten für die Wiedererhebung des alten
Glaubens werden. Freilich gelang ihnen dieses Unternehmen
weder vollständig, noch in kurzer Zeit, noch allein, sondern
nur zum Teil, sehr langsam und mit Hilfe anderer geistlichen,
vorzüglich aber weltlichen Waffen.

Der Orden war noch jung: der Schwärmer Loyola
lebte noch (er starb 1556) und kein Escobar, Sanchez, Basquez
und Busembaum hatten noch ihre eigentümlichen Morallehren
niedergeschrieben, als die neue Stiftung in Deutschland Fuß
faßte, wo man sie auf katholischer Seite in guter Treue als
die Stütze der Kirche ansah. Im Jahre 1551 gründeten
die Jesuiten unter dem Schutze des römischen Königs
Ferdinand I. das Kollegium zu Wien, 1554 bis 1556
diejenigen zu Köln, Ingolstadt und Prag, 1559 das zu
München, 1561 die zu Trier und Mainz, und 1566 hatten
sie, vorzugsweise durch die rastlose Thätigkeit des Holländers
Peter de Hondt, genannt Canisius, ein bedeutendes Netz
über ganz Baiern, Tirol, Franken, Schwaben, über den
größten Teil Österreichs und der Rheinlande gesponnen und
waren im Begriffe, sich auch in Ungarn einzunisten. Ingolstadt
wurde der Mittelpunkt ihrer die kurzsichtigen blendenden
Wissenschaft. Sogar Protestanten ließen sich bethören und
sandten ihnen ihre Söhne. Wo sie Platz griffen, führten
sie sofort die beinahe außer Gebrauch gekommenen Reliquien,
Rosenkränze, Fastengebote und Wallfahrten wieder ein. Es
war ein Kriegszug des romanisch-katholischen Geistes in das
Gebiet der deutschen und protestantischen Kultur.

Die Früchte zeigten sich zuerst in Baiern. Der Herzog
Albrecht V., vorher geneigt, seinem größtenteils protestantisch
gewordenen Lande Zugeständnisse zu machen, wandte sich seit

dem Ende des Konzils von Trient plötzlich gegen die Prote-
stanten, sandte die Jesuiten als Belehrungstruppen unter sie,
und vertrieb sie überall dort, wo sie ihrem Glauben treu
blieben. Die auf dem Index stehenden Bücher wurden
massenhaft verbrannt und dafür jesuitische verbreitet. Der
Herzog beschränkte sich aber nicht auf sein Land. Seinen
Mündel, den Sohn des in Frankreich in den Reihen der
Hugenotten gefallenen Markgrafen Philibert von Baden-
Baden, Philipp II., ließ er katholisch erziehen und dessen
Land durch seine Jesuiten in den Jahren 1570 und 1571 zum
alten Glauben belehren. Zugleich wurde Canisins umher-
gesandt, um die katholischen Fürsten zum Zusammenhalten,
zur unbedingten Annahme der Trienter Beschlüsse und zur
Verweigerung jedes Zugeständnisses an die Protestanten zu
bewegen. Sein Wirken war mit Erfolg gekrönt; Seminarien
tauchten überall auf; an den katholischen Universitäten, zuerst
in Tillingen, wurden keine Grade mehr erteilt ohne Ablegung
des Glaubensbekenntnisses von Trient. Das letztere mußten
im Erzbistum Trier auch alle Schullehrer unterschreiben.
Die früher so schlaff gewordenen geistlichen Fürsten versäumten
keine Prozession, keine Vesper mehr. Der vorher duldsame
Kurfürst von Mainz, Daniel Brendel, ging nun mit jesuitischer Hilfe erobernd vor, verjagte aus seinen sächsischen
Besitzungen im Eichsfelde die protestantischen Prediger und
setzte Jesuiten an ihre Stelle. Dasselbe that der Abt von
Fulda. Kaiserliche Vorrechte, welche die Protestanten vor-
wiesen, wurden nie berücksichtigt. Das reizte sie zum Widerstande. Im Fuldaischen wurde 1576 der strenge Abt von
seinem Adel überfallen und zur Abdankung gezwungen; ja
einen merkwürdigen Widerstand gegen das katholische Streben,
welcher wahrlich Mut brauchte, versuchte der 1577 auftretende
Erzbischof von Köln, Gebhard Truchseß, der offen protestantische Neigungen an den Tag legte, keine Messe las und
mit dem Gedanken umging, sein Kurfürstentum kurzweg in

ein weltliches und erbliches zu verwandeln. Wirklich erklärte
er, Protestant werden und heiraten zu wollen, Pfalzgraf
Johann Kasimir unterstützte ihn; aber beide unterlagen
1583 den Maßregeln des Papstes und den Truppen Baierns
und Spaniens, und Truchseß mußte fliehen und dem bairischen
Prinzen Ernst, einem jungen Mann von lockeren Sitten, der
aber bereits 4 Bistümer besaß, Platz machen. Heinrich von
Lauenburg, Bischof von Paderborn und Osnabrück,
der sein Beispiel hatte nachahmen wollen, starb 1585 an
einem Sturze vom Pferde. Jesuiten überschwemmten, von
Waffengewalt unterstützt, Beider Stiftsgebiete, und darauf
auch Münster in Westfalen, Hildesheim und andere Lande.
Der Bischof Julius von Würzburg bekehrte seine Hauptstadt und sein Gebiet mit Gewalt zum Katholizismus. Ihm
ahmte der von Bamberg nach. In beiden Stiftern füllten
sich die Klöster wieder. In der freien Stadt Köln wurde
der Besuch der protestantischen Predigt mit Kerker und Geld-
buße bestraft, in Augsburg und Regensburg die Protestanten kurzweg verbannt. Ja, der römische Nuntius, die
Jesuiten und ihre Helfershelfer machten nun auch Versuche,
protestantische Fürsten in Sachsen, Hessen und der Pfalz,
und mit ihnen ihr Land zu bekehren, und eifrig arbeitete
man daran, das Reichskammergericht von seinen protestantischen
Mitgliedern zu säubern. Schüler der Jesuiten stiegen nach
und nach zu den Stellen der Kirchenfürsten empor und
räumten dann mit fürchterlicher Gewissenhaftigkeit alle Reste
des Protestantismus hinweg.

Am schwierigsten erwies sich die Durchführung dieses
Systems, wurde aber auch mit der blutigsten Rücksichtslosigkeit
durchgeführt in Österreich. Die Reformation hatte hier
eine mächtige Verbreitung gefunden, und die Universität
Wien war für den Süden Deutschlands ebenso ein Haupt-
herd derselben geworden, wie Wittenberg für den Norden.
Hohe Beamte huldigten ihr, und die Klöster wurden in

Menge verlassen. Umsonst waren drakonische Erlasse der von den Bischöfen aufgestachelten Regierung, welche mit Wasser- und Feuertod drohten. Der Landtag Österreichs wurde fast ganz protestantisch; in Steiermark, Kärnten und Krain beförderte der Adel die neue Lehre eifrig, welche stark überhand nahm. Ja, in Tirol artete die Neigung zu derselben sogar in einen wilden, wiedertäuferisch gefärbten Bauernaufstand aus, wurde aber auch, am frühesten in den „Erblanden", blutig und mit dem Scheiterhaufen unterdrückt. Der in Böhmen fortglimmende Husitismus verwandelte sich in entschiedenstes Luthertum, strebte aber mit eben solchem Eifer, wie den Sieg der neuen Lehre, auch den der tschechischen Sprache an.

In der Mitte des 16. Jahrhunderts war in Österreich kaum mehr der zehnte, ja in Oberösterreich kaum der zwanzigste Teil der Bevölkerung noch katholisch. Klöster erteilten sogar Stipendien an in Wittenberg studierende Landessöhne. Es muß zwar bemerkt werden, daß der österreichische Protestantismus einen beschränkten, unheilsamen und buchstabenknechtischen Charakter trug. Doch schufen seine Organe viel Gutes in den Gebieten des Unterrichtes und der Wohlthätigkeit. Der schwäbische Humanist Nikodemus Frischlin wirkte in Laibach segensreich, wenn auch nur kurze Zeit.

Ein Schlag für diese Bewegung war der Tod Kaiser Maximilians II., welcher sie anfangs begünstigt, später aber sich gegen sie gewandt hatte, ohne sie jedoch zu unterdrücken. Die während seiner Regierung zurückgedrängten Jesuiten errangen ihren frühern Einfluß von neuem und gingen nun mit Hilfe des blendenden Apparates ihrer Predigten und Bruderschaften, und unterstützt von den eifrigst katholischen Erzherzogen und dem gelehrten und kunstsinnigen, aber den Volksgeist nicht fassenden Kaiser Rudolf II. an die rücksichtlose Bekämpfung und Unterdrückung der Reformation. Die Universität Wien wurde 1578 dem Protestantismus gewaltsam entrissen und nach hartnäckigem Widerstande 1610 geradezu den Jesuiten übergeben. Mit roher Gewalt wurde das Volk, mit ziemlicher Langmut aber der Adel zur Be-kenntnis der Lehre Roms nach dem Katechismus des Jesuiten Canisius gezwungen.

Zahlreiche Bauernaufstände erhoben sich am Ende des 16. Jahrhunderts gegen den Glaubenszwang, wurden aber blutig niedergeschlagen. Der Geist des verwandten spani-schen Herrscherhauses war im österreichischen völlig herrschend geworden, und sein Wüten erlitt nur eine kurze Unterbrech-ung, als im Bruderstreite Matthias — aus Politik — den Protestanten wieder Duldung gewährte, um die Huldi-gung von ihnen zu empfangen.

Entscheidend wurde der Sieg des Jesuitentums in Österreich durch den Schüler und unbedingten Anbeter dieses Ordens, den nachmaligen Kaiser Ferdinand II.; er besuchte als Erzherzog von Steiermark Rom, versprach dem Papst 1508 fußfällig, die katholische Religion zur alleinherrschenden zu machen und hielt sein Wort, worauf er sich in der Kapuzinerkirche zu Graz als Erzengel Michael abbilden ließ, der den Teufel in der Gestalt — Luthers besiegt. Kärnten und Krain folgten nach. Man nannte das Niederreißen protestantischer Kirchen und das Vertreiben ihrer Prediger, sowie die Zerstörung der Schulen gleichen Bekenntnisses und die Verbrennung der Schriften desselben damals „Reformation." Kaiser Rudolf that seit 1601 dasselbe in Ober- und Niederösterreich, ja sogar in den mit eigenen Rechten begabten Königreichen Böhmen und Ungarn. Einem italienischen Augustiner-mönche gelang es, den Kaiser an der Erfüllung der Bitte seiner protestantischen Fürsten zu verhindern, daß den Jesuiten verboten werde, gegen den Religionsfrieden von 1555 zu schreiben, so daß die Protestanten den Reichstag 1608 verließen und die „Union" gründeten. Ihnen gegenüber vereinigten sich im folgenden Jahre die katholischen Fürsten zur „Liga,“ und so war der Grund gelegt zu dem unheilvollen dreißigjährigen Kriege. Den Todesstoß erlitt die Sache der Reformation in Böhmen durch die Niederlage am weißen Berge (8. Nov. 1620) und in Österreich selbst durch diejenige des Bauernaufstandes unter Stephan Fabinger gegenüber dem katholischen Heere der „Seligmacher.“ Hunderttausende von Österreichern aber, ja die besten Elemente des Landes, Edelleute, Städter und Landleute, entgingen den erwähnten Gräueln durch Auswanderung nach Sachsen, Brandenburg, der Schweiz und anderen Ländern. Im Lande blieben nur Jesuiten, bigotte Soldateska und niedergetretenes, in krassen Aberglauben versinkendes Volk.

III. Aufhebung und Wiederherstellung des Jesuitenordens.

Im siebenzehnten und zu Anfang des achtzehnten Jahrhunderts übte der Jesuitenorden die höchste Macht aus, welche er jemals besessen hat. Mit unglaublicher Gewandtheit wußten sich seine Mitglieder, die gläubige Schwärmerei des Stifters gegen kluge Berechnung vertauschend, in alle Verhältnisse hinein zu finden und überall einflußreiche Stellungen einzunehmen, als Beichtväter der Monarchen und ihrer Gattinnen, der Minister und Generale, als Erzieher der Prinzen, als Lehrer an den Universitäten und Vorsteher von Gymnasien, als Missionäre unter den Heiden und Gründer von Kolonien. Sie verstanden es, die Welt für sich zu gewinnen, in der Predigt, im Beichtstuhle, in den Salons, am Krankenbette und bei fröhlichen Gelagen, schmiegten sich den Ansichten der Menschen an, waren tolerant bei Protestanten, verwerteten den Buddhismus für den katholischen Gottesdienst in China, schwärmten mit dem Schwärmer, scherzten mit dem Lebemann, disputierten mit dem Grübler und trösteten den Betrübten. Sehr anzuerkennen ist, daß sie sich während des dreißigjährigen Krieges viele Verdienste um Linderung des von diesem

verurfachten Elends erworben haben, und daß sie bei verschiedenen herrschenden Seuchen mit großer Aufopferung die
Kranken pflegten.

Eine schlimme Zeit erschien aber für den Orden, als
in der zweiten Hälfte des achtzehnten Jahrhunderts die sog.
Aufklärungsperiode begann. In den katholischen Ländern
richtete sich diese Bewegung naturgemäß gegen das Papsttum und die Jesuiten. In diesem Beginnen schritt der
äußerste Westen Europa's voran; es war das kleine Portugal, wo sich der sogenannte katholische Liberalismus der
neuern Zeit zuerst kundgab, und der Name, an den sich sein
dortiges Auftreten knüpft, ist derjenige Sebastian Josef's
von Carvalho und Melo, später Grafen von Oeyras und
endlich Marquis von Pombal. Schon als Page des
Königs Johann I. wurde er durch fortwährende Pläne und
Entwürfe bemerkbar und lästig und deshalb in diplomatischen
Aufträgen nach London und Wien gesandt, was jedoch nur
die Folge hatte, ihn näher mit der europäischen, namentlich
französischen Aufklärung bekannt zu machen. Durch die
Gunst seiner Königin wurde Pombal 1750 als Minister
nach Hause gerufen und regierte nun, da bald nach seiner
Ankunft der König starb, an der Stelle des minderjährigen
Nachfolgers Josef, eines feigen, wollüstigen und abergläubigen
Menschen. Von Anfang an zur Rolle eines diktatorischen
Reformators entschlossen, machte es indessen Pombal wie die
übrigen Reformer des achtzehnten Jahrhunderts; er fing
vieles an und führte wenig durch, kannte weder Rücksichten,
noch Maß und Ziel, und bewirkte daher Gutes und
Schlimmes untereinander. Sein erster Kampf galt dem
Jesuitenorden, der Portugal damals ganz in den Händen
hatte und den er über Alles haßte. Handhabe dazu boten
die besonders seit Pascal bekannten Moralgrundsätze der
Jesuiten, die weltliche Herrschaft, welche sie in Paraguay auf
spanischem und portugiesischem Gebiete unter den Indianern

errichtet hatten, und die unsaubern Handelsspekulationen des
Paters Lavalette in Westindien, wodurch 1756 eine Menge
der größten französischen Handelshäuser schwere Verluste er-
litten, die der Orden durch — Seelenmessen zu ersetzen
sich anbot, vom Pariser Parlament aber 1760 zum Scha-
denersatze verurteilt und von allen Handelsgeschäften aus-
geschlossen wurde. Im Einklange damit hatte schon früher
(im Febr. 1741) Papst Benebikt XIV. durch die Bulle
„apostalicae servitutis" allen Ordensgeistlichen Handel und
Gewerbe, jeden Erwerb welltlicher Herrschaft und jeden
Kauf oder Verkauf von belehrten Indianern verboten und
in der Bulle Immensa pastorum vom 20. Dez. gl. J. der
Jesuiten Treiben in fremden Erdteilen, ihren Ungehorsam
gegen jenes Verbot verurteilt und ihnen unter Androhung
des Bannes untersagt, die Indianer zu Sklaven zu machen,
sie zu verlaufen und zu vertauschen, von Weibern und
Kindern zu trennen, ihnen ihr Eigentum zu nehmen oder
sie aus ihrer Heimat zu entfernen," was alles sie bis dahin
gethan hatten.*) Hierdurch war nun namentlich das
Jesuitenreich in Paraguay betroffen, dessen patriarchalische
Zustände damals so viel Aufsehen erregten und bald, sogar
von Aufklärern, über alles Maß gepriesen, bald heftig an-
gegriffen wurden.

Als sich nun die ihren jesuitischen Oberen blind ergebenen Indianer gegen einen in Paraguay stattgefundenen
Gebietsaustausch zwischen Spanien und Portugal mit den
Waffen, von Jesuiten kommandiert, erhoben, sandte Pombal
1753—55 ein Heer nach Südamerika mit dem Auftrage,
die erwähnte Bulle des Papstes streng zu vollziehen und
dem Jesuitenstaat ein Ende zu machen (Schlosser a. a. O.
S. 17 ff). Zugleich hielt ihn das im Jahre 1755 Lissabon

---

*) Bullarium Bened. XIV, t. I. p. 101. — Schlossers Geschichte des
18. Jahrhunderts, Heidelb. 1844 Bd. III, S. 12 ff. — Onden, das
Zeitalter Friedrichs des Großen, Berlin 1842, Bd. II, S. 357.

zerſtörende furchtbare Erdbeben und das hierdurch verurſachte namenloſe Elend nicht ab, an die Durchführung ſeiner Plane zu gehen. Er hob die Keßerverbrennungen auf, beſchnitt die Macht der Inquiſition, wies jede Strafe überhaupt an die weltlichen Gerichte und beſchränkte das Recht der Klöſter, Novizen aufzunehmen. Gingen dieſe Maßregeln gegen die Kirche, ſo traf Pombal hinwieder auch den Adel mit der Aufhebung jener Schenkungen, durch welche die Krone Ländereien in ihren überſeeiſchen Beſißungen an einzelne vornehme Familien vergabt hatte. Unzufriedenheit mit den Anordnungen des mächtigen Miniſters wurde mit Kerker, ja mit dem Tode beſtraft, und es herrſchte eine wahre Schreckenszeit, während zugleich das blühende Jeſuitenreich in Paraguay mit Feuer und Schwert unterworfen wurde. Aus Anlaß des Erdbebens ließ Pombal die Kornmagazine der Regierung öffnen, die Ausfuhr von Getreide verbieten und die Einfuhr vom Zolle befreien, ſowie die eingeſtürzten Waſſerleitungen wieder herſtellen; die in Folge des Elends entſtandenen Räuberbanden aber unterdrückte er durch maſſenhafte Hinrichtungen. Als nun die Geiſtlichen heftig gegen Pombal predigten und ihn als Urheber des Erdbebens hinſtellten, auch Einfluß auf den König erlangen wollten, verbannte der Miniſter das einflußreichſte Mitglied der Jeſuiten in Portugal, den Pater Malagrida und darauf alle übrigen Jeſuiten vom Hofe und ließ ſie 1757 mit Gewalt fortbringen. Des bigotten Königs Unterſchrift zu dieſer Maßregel erlangte er durch die Vorgabe, derſelbe ſei durch die Jeſuiten bedroht, und nur er, Pombal, könne ihn gegen ſie ſchüßen. Den übrigen Höfen gegenüber aber rechtfertigte er das Geſchehene durch eine eigene an ſie verſandte Schrift. Vom Papſte verlangte er eine Reform des Ordens, und dieſer ordnete ſie 1758 auch wirklich an. Der mit ihrem Vollzuge beauftragte Kardinal Saldanha verbot den Jeſuiten allen Handel, ſowie das Predigen und Beichtehören. Ein Atten-

tat auf den König, von einer Familie veranstaltet, von deren
weiblichen Mitgliedern der lüberliche König zwei, unter Vor-
wissen ihrer Gatten, seiner Liebe gewürdigt hatte, welche
Familie aber mit den Jesuiten eng verbunden war, gab
Pombal Veranlassung zu grausamem Einschreiten gegen die
Familienglieder und zugleich gegen die Jesuiten, deren
Häuser bewacht wurden. Nach einer an Folterungen und
anderen Gräueln reichen Untersuchung folgten schauberhafte
Hinrichtungen. Die Güter der Jesuiten wurden mit Be-
schlag belegt, wogegen der Papst, die Kardinäle und hunderte
von Bischöfen umsonst protestierten. Dann ließ Pombal
(1759) 113 Jesuiten auf ein Schiff bringen und nach Rom
führen und alle Glieder des Ordens bei Todesstrafe aus
Portugal verbannen. Es folgte bald eine zweite Fracht,
ohne die geringste Schonung gegen die zum Teil alten und
gebrechlichen Männer anzuwenden. Darauf suchte Pombal
Streit mit dem Nuntius und ließ ihn 1760 durch Dragoner
an die Grenze bringen. Malagriba, als angeblicher Haupt-
urheber des Attentats, obschon jetzt ein schwacher Greis,
wurde von dem aufgeklärten Minister den Dominikanern
übergeben und von diesen als — Ketzer verbrannt. Alle
diese grausamen, aber, mit Ausnahme der letztgenannten, der
Aufklärung dienenden Thaten, ließ Pombal stets durch Flug-
schriften begründen und rechtfertigen, welche in Spanien
nicht gelesen werden durften, in Österreich aber, auf Veranlassung von Kaunitz, sogar in den Zeitungen erwähnt und
erklärt wurden. Nun sorgte der revolutionäre Minister
für bessern Unterricht an Stelle des jesuitischen, für Errichtung von Volksschulen, deren es beinahe keine gab, für
Reform der Universität Coimbra, für ein neues Kollegium
zur Ausbildung vornehmer Söhne und für eine Gewerbe-
schule, in welche arbeitscheue Burschen mit Gewalt gebracht
wurden. Er schaffte die Monopolien ab, nahm den Getreide-
verkauf als Staatsregal in Anspruch und gab den aus frem-

3*

den Erbteilen nach Portugal gebrachten Sklaven die Freiheit. Er reformierte mehrere Mönchsorden, schaffte Feier-
tage und überflüssige Gebräuche ab und begünstigte Litteratur
und Buchhandel, während er jedoch die Zensur, freilich in
seinem Sinne, fortbestehen ließ, welche Gunst merkwürdiger
Weise auch der Inquisition, ja sogar den Autos da fé wieder
gewährt wurde; doch fanden sie seit Malagriba keinen Vollzug mehr. Vieles that er auch für Ackerbau, Handel und
Verkehr, für Schönheit und Reinlichkeit der Hauptstadt, doch
nichts für bessere Wohnungen der Armen. Ein Heer schuf
er eigentlich erst, wozu ihm das mit Portugal gegen Spanien
verbündete England einen deutschen Organisator, den Grafen
Wilhelm von Schaumburg-Lippe sandte, der fast in ganz
Europa gedient hatte und nun die Portugiesen nach preußischem
Muster drillte. Als der Graf wieder heimreiste, übernahm
Pombal, der vorher nie eine Uniform getragen, selbst den
Oberbefehl. Bei allen diesen Reformen aber schmachtete
Portugal unter der furchtbarsten Despotie, die um so unge-
rechtfertigter war, als sie aufgeklärt sein sollte; die Kerker
wimmelten von Gefangenen, deren Überfluß man nach den
mörderischen Klimaten von Afrika und Brasilien brachte, und
eine politische Inquisition pflanzte Mißtrauen in alle Kreise
des Landes. — Als der König gefährlich erkrankte, gab
Pombal, beinahe achtzig Jahre alt (1777), sein Schicksal
voraussehend, seine Entlassung ein und überlieferte dem
Staate einen reichgefüllten Schatz. Dem Könige folgte seine
Tochter Maria I., welche mit päpstlicher Dispensation ihrem
leiblichen Oheim, wie hinwieder ihr Sohn ihrer eigenen
Schwester angetraut war. Da sie sehr fromm, sogar abergläubig
war, hob sie nach und nach die Reformen Pombal's wieder
auf und befreite sofort alle seine Opfer aus ihren Kerkern.
Den Jesuitenorden konnte sie nicht zurückrufen, weil er inzwischen vom Papste aufgehoben war. Es fehlte nicht an
heftigen Anklagen gegen den abgetretenen Minister. Seine

Verteibigungsschrift wurde öffentlich verbrannt und eine Untersuchung gegen ihn angehoben, von der Königin aber das strenge Urteil kassiert, worauf er bald (1782) starb.

Das Beispiel Portugals in Verfolgung der Jesuiten wurde merkwürdiger Weise ansteckend für alle Staaten, in denen damals das sonst so gut katholische Haus Bourbon regierte, und es war, als ob noch einmal der Geist des Ahnherrn Heinrich IV. über seine Enkel oder vielmehr über deren Minister gekommen wäre.

Frankreich ging voran. Wir erwähnten bereits des Prozesses Lavalette, welcher zur Folge hatte, daß der Orden gerichtlich außer das Gesetz gestellt, durch die Regierung aber noch anerkannt war. Das Urteil des Parlaments ging dahin, alle die Jesuiten schützenden Bullen und andere päpstliche Verordnungen als Verletzungen der französischen Gesetze zu erklären; es verbot dem Orden die Novizenaufnahme und das Schulhalten, verurteilte seine Schriftsteller als Sittenverderber und Hochverräter und ihre Bücher zum Feuer. Ludwig XV. schützte aber die Verurteilten, gewährte ihnen für ein Jahr Aufschub des Urteils, holte ein Gutachten der Geistlichkeit ein, welches den Jesuiten günstig war, und nun arbeiteten bei ihm die Geistlichen für, der Minister Choiseul und die königliche Maitresse, Marquise Pompadour aber gegen den Orden. Der König wußte sich nicht anders zu helfen als durch ein Gesuch an den Jesuitengeneral Ricci, die anstößigsten Punkte der Ordensverfassung abzuändern, erhielt aber nur die bekannte Antwort: „Sint ut sunt, aut non sint." Nun ließ Ludwig der Sache ihren Lauf. Im Jahre 1762 wurden alle Archive und Bibliotheken der Jesuiten in Frankreich versiegelt und der Vermögensstand aller Kollegien aufgenommen, worauf sich die als ungeheuer reich bekannten Jesuiten zahlungsunfähig erklärten. Dann verfügte das Parlament, das Fortbestehen des Ordens sei mit dem Wohle des Reiches unverträglich, verbot den Jesuiten

das Tragen ihrer Ordenskleiduug, entband sie vom Gehorsam gegen ihren General und löste ihre Kollegien und Häuser
insgesamt auf. Gegen den die Jesuiten durch einen Hirtenbrief in Schutz nehmenden Erzbischof von Paris, Beaumont,
leitete das Parlament einen Prozeß ein, während es zugleich
Rousseau's Emil durch den Henker verbrennen ließ, gegen
welches Buch derselbe Erzbischof ebenfalls einen Hirtenbrief
geschrieben hatte. Als auch der Papst für die Jesuiten auftrat, verdammte und unterbrückte das Parlament 1764 seine
Breven. Da suchte der König durch einen tollen Widerspruch den Streit zu beendigen; er kassierte alle Verfügungen
des Parlaments gegen die Jesuiten, hob aber zugleich den
Orden in Frankreich auf!

Zunächst folgte Spanien. Karl III., der 1759 den
Thron Neapels gegen den des Mutterlandes vertauscht hatte,
war in seiner neuen Stellung von Männern umgeben, welche
der Aufklärung anhingen und den französischen Minister
Choiseul bewunderten. Der Genuese Grimaldi, ganz
Choiseul's Werkzeug und ein Anhänger der Grundsätze
Diderot's, war Minister des Auswärtigen. Ihm standen zur
Seite der charakterfeste Schriftsteller Campomanes, der
gebildete und patriotische Aranda, der im Staatskirchen-
rechte bewanderte Figueroa, dann aber auch der egoistische
Olavides und der schwankende Manino (später Graf von
Floriba-Blanca). Durchaus ein Mann des aufgeklärten
Despotismus (doch nicht in Glaubenssachen), ließ sich Karl III.
leicht gegen die Jesuiten, als die gefährlichsten Nebenbuhler
jeder Macht, einnehmen, worin er sogar mit ausgezeichnet
frommen Männern einig ging, wie z. B. mit dem Erzbischof Palafox von Mejiko, der die Jesuiten Amerikas ent-
larvt hatte und für den nichtsdestoweniger die Heiligsprechung
verlangt worden war. Sein Generalvikar hatte schon 1747,
unter Beistimmung des Volkes, den Jesuiten, welche ohne
Vorweisung von Vollmachten waren, die Beichte und die

Predigt untersagt, wofür die frommen Väter den Erzbischof
so verfolgten, daß er fliehen mußte und dann seine Heiligsprechung hintertrieben. Karl III. ließ die Erlasse, mittels
welcher die Inquisition auf Verlangen der Jesuiten Briefe
von Palafox gegen Letztere zum Feuer verurteilt hatte, aufheben und ordnete dann eine Untersuchung gegen das Treiben
des Ordens in Amerika an. Als nun 1766 der Finanz-
minister Squillace, schon als Ausländer und Aufklärer
verhaßt, durch die Verwandlung des Handels mit Öl und
anderen Lebensmitteln in ein Monopol, zu Madrid einen
Volksaufstand hervorgerufen hatte, bei welchem der Pöbel
sein Haus stürmte, die Jesuiten hoch leben ließ und den
König in dessen Palast belagerte, bis dieser gezwungen die
Entlassung Squillace's versprach, was er dann auch ungern
genug hielt, ließ Karl, aus Rachedurst wegen dieses Zwanges,
durch Aranda eine Untersuchung gegen die Anstifter des Auf-
standes anheben, welche man dann glücklich in den Jesuiten
entdeckte. Nach gehöriger Vorbereitung wurden 1767 alle
Jesuiten Spaniens, über fünftausend, in einer Nacht ver-
haftet, unter Beschlagnahme ihrer Güter eingeschifft und
nach Rom geführt, — ganz wie unter Pombal, nur schneller
und umfassender. Dann wurde durch königliches Edikt der
Orden in Spanien aufgehoben und seine Mitglieder als
Verbrecher erklärt, aber zugleich mit einer ärmlichen Pension
bedacht. Die grausam zusammengepferchten Patres wollte
Clemens XIII. nicht einmal landen lassen, so betroffen war
er über das Schicksal seiner Schützlinge und über den von
Spaniens Regierung in ihrer Anzeige von der gesandten
„Ladung" an den Tag gelegten Hohn. In Spanien aber
fuhren Aranda, Campomanes und ihre Genossen, so sehr
ihnen auch der Beichtvater des Königs entgegenarbeitete, —
mit Reformen fort. Das oberste geistliche Appellationsge-
richt wurde vom Nuntius unabhängig gemacht, sowie die
klösterlichen Orden von deren römischen Generalen, die

kirchlichen Asyle beschränkt, so auch die Censur, und für päpstliche Breven das königliche Placet eingeführt. Den Unterricht in den Schulen erhielten statt der Kloster- die Weltgeistlichen (damals ein Fortschritt!), und neue Seminarien traten an die Stelle der jesuitischen. Im Jesuitencollegium fand eine Anstalt für Ökonomie und Industrie Platz. Zum ersten Male wurden Volkszählungen angeordnet. Als aber der König älter, den Einflüsterungen seines Beichtvaters zugänglicher und gegen Aranda's Richtung mißtrauischer wurde und als des Letztern Freund Olavides, geborener Peruaner, als Generalintendant von Andalusien deutsche und andere Kolonisten, ohne Auswahl noch Rücksicht auf ihre Befähigung, nach der öden Sierra Morena lockte, unter welchen sich auch Protestanten befanden, griff die Inquisition letztern Punkt auf und hob, nachdem Aranda glücklich als Gesandter nach Paris gebracht worden, einen Prozeß gegen Olavides an, in welchem einer der Kolonisten, ein bairischer Kapuziner, den Ankläger spielte. Olavides wurde 1770 als Ketzer in das Gefängnis der Inquisition gesteckt, das Theater, welches er, um den blutigen Stiergefechten entgegenzuarbeiten, in Sevilla eingerichtet, geschlossen, nach längerer Unterbrechung wieder Autos de fè gehalten, die Bannflüche gegen die Ketzer wieder öffentlich verlesen, jeder Spanier über zehn Jahre gezwungen, beizuwohnen und endlich Olavides nach zweijähriger Haft zu einem öffentlichen Widerrufe gebracht. Er konnte zwar der Einsperrung in ein Kloster durch die Flucht entgehen, trat aber während der französischen Revolution aus Furcht vor derselben freiwillig zur katholischen Orthodoxie zurück. Aranda, von Paris aus, und Campomanes als Minister wirkten zwar noch einige Zeit in bisheriger Weise, wenn auch vorsichtig fort, namentlich für bessere Rechtspflege; aber unter dem nächsten Könige Karl IV. ging es, nicht ohne Mitwirkung des neuen Ministers Grafen von Florida-Blanca, wieder rückwärts.

Was Spanien that, durfte damals Neapel nicht
lassen. Seit dem fünfzehnten Jahrhundert ein Vasallen-
reich der westlichern Halbinsel, war es seit der Mitte des
achtzehnten Jahrhunderts eine Secundogenitur derselben.
Als der erste selbständige König Neapels seit der Fremd-
herrschaft, Karl IV. (als Karl III.) zur Krone Spaniens
befördert wurde (1759), ließ er dort seinen bewährten
Minister Tanucci als Regenten für seinen noch jungen
Sohn Ferdinand zurück, welcher Letztere zu nichts Anlagen
zeigte, als zu einem tüchtigen Lazzarone. Das Reich, welches
das südliche Italien einnahm, zählte damals 22 Erzbischöfe,
116 Bischöfe, 56500 Priester, 31800 Mönche, zusammen
112000 Geistliche, und 29000 Nonnen, in der Stadt Neapel
allein 16000 geistliche Personen. Alle waren von weltlichen
Gerichten befreit, und sonach auch Jene, welche sich in ihre
Asyle flüchteten. Schon als Karl noch in Neapel regierte,
hatte man, um diesen Übelständen zu steuern, ein Konkordat
mit Rom eingeleitet, die Regierung aber, als dasselbe für
sie ungünstig ausfiel, die Bestimmungen desselben zu ihren
Gunsten zu deuten begonnen. Sie verfügte, um die Zahl
der geistlichen Schmarotzer zu vermindern, daß auf je 1000
Seelen nicht mehr als ein Priester geweiht, daß päpstliche
Bullen nicht ohne königliches Placet veröffentlicht werden,
daß die Geistlichkeit keine neuen Güter erwerben dürfe und
der bischöfliche Bann gegen königliche Verordnungen ohne
Wirkung sei. In diesem Geiste fuhr Tanucci auch nach dem
erwähnten Regierungswechsel fort zu handeln. Er zog auf
dem Festlande zehn, in Sicilien achtundzwanzig Klöster ein,
deren Güter er zum Vorteile des Staates verwendete; er
schränkte die geistlichen Zehnten ein und schaffte sie dann ab;
verbot der Geistlichkeit den Erwerb liegender Güter, beschränkte die geistliche Gerichtsbarkeit, setzte die Zahl der erlaubten Geistlichen (einer auf Tausend) um die Hälfte herab
und entzog die Giltigkeit auch älteren Bullen, welche nicht

vom Staate bestätigt waren. Endlich wurde noch in demselben Jahre, da die Jesuiten aus Spanien vertrieben worden
(1767), in Neapel ein Gleiches gethan. Sie wurden aus
dem ganzen Reiche an die römische Grenze geschafft, und
hier fand man nicht einmal eine Anzeige an den Papst
oder eine Entschuldigung nothwendig.

Nun durfte auch der vierte bourbonische Staat Europa's
(oder die spanische Tertiogenitur in Italien), das kleine
Parma, nicht zurückbleiben. Der minderjährige Herzog,
welcher seit 1765 regierte, stand unter französischer Vor-
mundschaft, da Ludwig XV. sein mütterlicher Großvater
war. Auch hier schaffte der Regent Du Tillot die Appellation in geistlichen Gerichtssachen nach Rom und die Giltigkeit der päpstlichen Bullen ab (1768). Da erließ der Papst,
was er gegen die größeren Staaten nicht gewagt hatte, ein
heftiges Breve gegen Parma, berief sich auf die gegen alle
Ketzer, Schismatiker und ihre Beschützer gerichtete (im vierzehnten Jahrhundert unter Urban V. entstandene, aber von
Pius V. 1567 und Urban VIII. 1627 erweiterte) Bulle
In coena Domini, welche vorschreibe, „daß die Geistlichkeit
der weltlichen Macht nicht gehorchen dürfe, wenn es die
Rechte der Kirche gelte," exkommunizierte den Herzog und
drohte dem Lande mit dem Interdikt, dem Herzog aber, dem
Minister und allen Betheiligten mit dem Banne, wenn jene
Verfügung nicht zurückgenommen werde. Du Tillot ant-
wortete mit einer höhnischen Proklamation und mit der
Verhaftung der Jesuiten, welche auch hier wieder nach Rom
gesandt wurden. Alle bourbonischen Staaten aber traten
für Parma und gegen die Abendmahlsbulle ein, ihre Gesandten verlangten vom Papste die Aufhebung jenes Ex-
kommunikationsbreves, und ihre Minister ergriffen neue
Maßregeln gegen die geistliche Gerichtsbarkeit in ihren Staaten,
ja das königliche Gericht in Neapel verfügte wegen der Ein-
griffe des Papstes in die weltliche Gerichtsbarkeit die Ein-

ziehung der päpstlichen Enklaven Benevento und Pontecorvo. Tanucci machte bekannt, der Papst sei nicht mehr als ein anderer Bischof, und das Pariser Parlament verfügte die Unterdrückung des Breves gegen Parma. Ja es gesellten sich noch andere Staaten der Bewegung bei. Der Großmeister von Malta vertrieb die Jesuiten ebenfalls, Venedig verdammte die Abendmahlsbulle und Modena hob Klöster auf.

Nun regten sich auch Österreich und das katholische Deutschland. Josef II., Mitregent seiner Mutter, und der mächtige Kaunitz waren ohnedies Gegner der Jesuiten und ihres Beschützers Clemens XIII., und ähnlicher Ansicht war auch von Swieten, der Ratgeber der Kaiserin, so daß sich Maria Theresia bestimmen ließ, die bis dahin vom Papste und den Bischöfen in der Lombardei ausgeübten Rechte über Personen und Güter der Geistlichkeit einer eigenen Oberbehörde in Mailand zu übertragen, die Geistlichkeit zum Verkauf aller seit 1722 erworbenen Güter anzuhalten und die Appellation nach Rom abzuschaffen. Zu derselben Zeit war in Deutschland ein Kirchenrechtslehrer aufgetreten, welcher im wesentlichen alles, was in den Ländern bourbonischer Fürsten und in Portugal gegen die kirchliche Hierarchie unternommen worden, in ein System brachte. Es war Johann Nikolaus von Hontheim, Weihbischof von Trier, gerade so alt wie das Jahrhundert, welcher im Jahre 1765 unter dem Pseudonym „Justinus Febronius" das Werk „des statu praesenti ecclesiae et legitima potestate Romani pontificis" (in Bouillon) herausgab. Die weltlichen Regierungen katholischer Länder und ihre zahlreichen Anhänger, d. h. damals alle Gebildeten weltlichen und sehr viele geistlichen Standes begrüßten das „Evangelium des liberalen Katholizismus" mit Jubel; in Portugal wurde eine besondere Ausgabe davon veranstaltet: der Spanier Campomanes berief sich in allen seinen kirchenrechtlichen

Handlungen darauf; namentlich aber machte es Josef II.
so sehr zu seiner Richtschnur, daß man seitdem das darin
verfochtene System mit Vorliebe den „Josefinismus" genannt hat. Hontheim aber, dessen Autorschaft nicht geheim
blieb, wurde von den Dunkelmännern und von seinen Oberen,
namentlich auf Betrieb des jesuitischen Beichtvaters des Erzbischofs von Trier, so lange gepeinigt, bis er eine Erklärung abgab,
welche einem Widerrufe ähnlich war, während er die Nichtigkeit
dieser erzwungenen Formel in einer gleichzeitigen, seine Ansichten
bestätigenden Druckschrift darthat. Er starb in hohem Alter 1790.

Inzwischen leukte sich der Unwille der aufgeklärten
Katholiken auch in Deutschland gegen das römische System,
vorzüglich aber gegen die Jesuiten. Sogar in dem damals
bigotten Baiern brach sich dieser Geist Bahn. Unter dem
Kurfürsten Maximilian Josef wirkte der Tiroler Ferdinand
Sterzinger, ähnlich wie Thomasius, gegen die Hexenprozesse, welche noch um 1750 unter anderen zwei Mädchen
von dreizehn Jahren zu Opfern hatten und von den Jesuiten
aufrecht erhalten wurden. Der Kurfürst schützte den von
den frommen Vätern angegriffenen Sterzinger und errichtete
um 1769 das geistliche Ratscollegium in München unter der
Direction seines Geheimrates Peter von Osterwald, mit
dem Zwecke, die Welt- und Klostergeistlichkeit zu den Steuern
an den Staat herbeizuziehen und die Novizenaufnahme zu
beschränken. Auch schrieb Osterwald, wie Hontheim, aber
deutsch, gegen die Unthätigkeit und Habsucht der Geistlichen,
welches Buch die Geistlichen verdammten, der Kurfürst aber
billigte. Auch hier wurde das Placet eingeführt und die
Jesuiten, zu gleicher Zeit sogar im geistlichen Kurfürstentum
Mainz, als Feinde des Staates erklärt, weil sie Bellarmin's
aufrührerische Schriften in tendenziöser Weise auffrischten.

Unter diesen Verhältnissen starb der jesuitenfreundliche
Papst Clemens XIII. 1769 und ihm folgte als Clemens
XIV., sein Gegenpol, Lorenzo Ganganelli. Die Wahl war

das Werk Josef's II. im Vereine mit den jesuitenfeindlichen
Regierungen Südeuropa's; der Kaiser hatte persönlich
mit Choiseul, Aranda und Pombal korrespondiert, und
Maria Theresia, wenn auch ungern, mußte sich fügen.
Die Intriguen des Erzbischofs von Wien, Migazzi, scheiterten,
und die Kasuisten der Gesellschaft Jesu wurden in Österreich
verboten. Es war hohe Zeit, den Bestand der katholischen
Kirche zu retten; denn wenn der neue Papst nicht gegen
die Jesuiten eingeschritten wäre, so hätten die Regierungen,
welche sie bereits vertrieben hatten, ohne Zweifel sofort oder
bald ihre Länder von der römischen Kirchenhoheit losgerissen.
Ganganelli hatte daher bei seiner Wahl den angedeuteten
Schritt zusagen müssen, begann aber seine Wirksamkeit mit
anderen Reformen, z. B. mit Abschaffung des Verlesens
der Abendmahlsbulle und Zurücknahme des Breves gegen
Parma, wodurch er jene Regierungen zu beschwichtigen und
sich den Schritt zu ersparen hoffte, für den er die Rache
der Jesuiten fürchtete. Aber es half nichts; Frankreich erklärte Avignon und Venaissin und Neapel Benevento und
Pontecorvo zu behalten, bis das Verlangte erfüllt sein
würde. Ganganelli mußte gehorchen. Er schloß 1772 das
römische Seminar, dann die übrigen Kollegien des Kirchenstaates, und erließ endlich am 23. Juli, beziehungsweise
19. August 1773 das welthistorische Breve „Dominus ac
redemptor noster," durch welches der Orden aufgehoben
wurde. Man sah es als Klugheit oder gar Arglist an,
daß die wichtigsten Beschuldigungen gegen die Jesuiten in
dem Breve übergangen wurden. Es waren dies: das despo-
tische System und die mechanische oberflächliche Methode
im Schulunterricht, die Herrschaft des Ordens durch affiliierte
Laien in allen Ländern, Orten und Ständen, das Spionier-
wesen in der Beichte und deren Mißbrauch, dessen sich die
Väter notorisch schuldig machten, die in ihren Schriften gelehrte schlechte Moral und ihr reich begüterter, blindgehor-

famer und daher der politischen Ordnung höchst gefährlicher
Staat im Staate. Diese Vorsicht nützte aber Ganganelli
nichts: er starb ein Jahr nach seiner That, wohl der kühnsten
eines Papstes.

Die Jesuiten zählten zur Zeit der Aufhebung ihres
Ordens 24 Profeßhäuser, 669 Kollegien, 176 Seminarien,
61 Novizenhäuser, 335 Residenzen, 273 Missionen und
22600 Mitglieder, wovon die Hälfte Priester, — die kurz-
röckigen Jesuiten nicht gerechnet.

Die Aufhebung des Ordens erwies sich indessen als
zwecklos: denn sein Geist, der Obskurantismus, treffend auch
Jesuitismus genannt, bestand fort. Sogar das Personal
selbst erhielt sich als solches in den Ländern altkatholischer
Regierungen, wie im griechisch-orthodoxen Rußland, wo
Katharina in der Frivolität des Ordens nichts abstoßendes
finden konnte, und im protestantischen Preußen, wo Friedrich es sich nicht hätte nachsagen lassen, daß sich der Sieger
von Roßbach vor den Vertriebenen seiner Besiegten fürchte.
Aber auch dort, wo der Orden aufgehoben, war seine Abwesenheit dem Fortschritte nicht nur nicht förderlich, sondern
es war nichtsdestoweniger eine allgemeine, fast epidemische
Neigung zum Rückschritt eingerissen. Der beinahe unumschränkten Herrschaft, welche die Aufklärung noch in der
Mitte des Jahrhunderts in den gebildeten Kreisen Europa's
ausübte, war nach und nach, namentlich seit dem Anfange
der siebenziger Jahre, doch ohne daß deshalb die Äußerungen des
fortschrittlichen Geistes an Kraft und Verbreitung abgenommen
hätten, eine bedenkliche Reaktion zur Seite getreten. Es gehören hierher: das Wiederauftauchen der Kabbala, das
Wirken Lavater's, welchem das ähnliche Hamann's und
Jacobi's zur Seite ging, die Gaukeleien, Teufelsbeschwörungen
und Geistersehereien Mesmer's und Gaßner's, Saint-
Germain's und Cagliostro's, Swedenborg's und Jung-Stillings,
denen in Frankreich der schwärmerische Seher Saint-

Martin entsprach, endlich der fantastische oder geradezu jesuitische Mißbrauch der Freimaurerei durch die Rosenkreuzer. Zugleich gelang, wie wir bereits gesehen, in Portugal der Sturz Pombal's, in Spanien Aranda's, ferner in Baiern die Unterbrückung der Illuminaten, in Östreich der Freimaurer; denn die Exjesuiten schlichen emsig umher und wühlten rastlos, um ihre verlorene Macht wieder zu gewinnen, und wurden hierdurch gefährlicher, als je vorher die anerkannten Jesuiten gewesen waren. In Baiern biblierten die Exjesuiten seit 1780 bereits wieder die Katechismen und Schulbücher, verdrängten auch den schwächsten Schimmer von Licht und wollten z. B. nicht dulden, daß man sage: an Gott glauben, statt „in Gott." Ja, es kamen damals „Verurteilungen" zum Unterrichte in der christlichen Sitten- und Glaubenslehre vor! —

Als im Jahre 1814 alle durch die französische Revolution und ihre Folgen beseitigten Einrichtungen im wesentlichen wieder hergestellt wurden, setzte Papst Pius VII. auch den Jesuitenorden in sein Dasein und seine Rechte wieder ein. Seitdem hat sich der Orden wieder etwas vermehrt, aber sehr langsam, und die Stärke, die er vor seiner Aufhebung hatte, ist noch lange nicht erreicht. Im Jahre 1844 zählte er 4133, 1857: 6303, 1860: 7144 (darunter 2939 Priester), 1865: 7956 (3389 Priester) und 1872 (vor seiner Ausweisung aus Deutschland) 8809 Mitglieder, hat sich also in nicht ganz dreißig Jahren mehr als verdoppelt, was immerhin beachtenswert ist. Auch ist sein Einfluß durchaus nicht zu unterschätzen. Es ist demselben offenbar zu verdanken, daß das Institut der „katholischen Universitäten," d.h. höherer Lehranstalten, an welchen nur gelehrt werden darf, was der Papst und die Jesuiten erlauben, — eine Erscheinung, welche lächerlich wäre, wenn nicht die Möglichkeit ihres Daseins etwas so unendlich Beschämendes hätte — außer der klerikalen Universität im belgischen Löwen, 1875 auch in Frankreich Fuß gefaßt hat, wo bereits mehrere Anstalten dieser Art entstanden sind; doch scheint die Sache, in Folge veränderter politischer Strömnng, nicht nach Wunsch der Partei gedeihen zu wollen. In der Schweiz ist bereits eine „katholische" Universität, welcher aber noch die medizinische Fakultät fehlt, zu Freiburg in's Leben getreten. In Deutschland und Österreich hoffen die Ultramontanen auf klerikale Hochschulen in Fulda und Salzburg. Sogar in Nordamerika gelang die Stiftung einer solchen Anstalt und zwar in der Bundeshauptstadt Washington.

Daß das ganze System der Verketzerung jedes freien Gedankens, ja des Denkens überhaupt und seiner Ersetzung durch einen mechanischen geistlosen Glauben, welches in der katholischen Kirche immer festern Boden gewinnt und ihr jeden unbefangenen Denker entfremdet, kein anderes ist, als das des Jesuitenordens, geht schon aus seiner allgemeinen Charakterisierung hervor; denn es erübrigt den Katholiken wirklich, wie die jesuitische Vorschrift will, zum Leichnam in der Hand des geistlichen „Hirten." Es wird dies aber noch deutlicher, wenn wir die Thatsache vor Augen halten, daß das System der Jesuitenmoral mit Bewilligung der höchsten kirchlichen Behörden in neuen Lehrbüchern zusammengefaßt und in seiner ganzen sittenlosen Nacktheit dargestellt ist. Diese Lehrbücher, das eine von dem belgischen Jesuiten Pater Gury, das andere von dem amerikanischen Bischof Kenrick, sind thatsächlich an katholischen Priesterseminarien eingeführt, und die werdenden Beichtväter werden nach denselben angeleitet, sich mit dem ganzen Schmutze der Sittenlosigkeit bis in die kleinsten haarsträubenden Details bekannt zu machen.

Wie sich hierin die jesuitische Moral oder vielmehr Kasuistik verrät, so schaut die scholastische Logik oder vielmehr Dialektik dieses Ordens aus den neuesten Thaten des von ihm geleiteten heiligen Stuhles deutlich genug hervor. Der

letzte Papst Pius IX. war ein guter Mann, von den besten
Absichten erfüllt, die sein Standpunkt zuließ; aber er hatte
die Schwäche, daß er jede Gelegenheit ergriff, um seine
Macht und seine Würde hervortreten zu lassen. Dies hatten
die Jesuiten längst durchschaut und ließen ihn daher, auf
seine Liebhaberei eingehend und ihn glauben machend, daß er
aus eigenem Willen handle, diejenigen Maßregeln ausführen,
welche ihr System für passend hält, um dem Orden die
unbedingte Herrschaft über die Kirche und damit über die
größten Volksmassen der Christenheit zu sichern. Wir verstehen darunter: 1) die Dogmatisierung der unbefleckten
Empfängnis Marias, 2) die Encyllika, welche die „Irr-
tümer der Zeit verdammt," mit dem angehängten Syllabus, und 3) den Konzilbeschluß über die päpstliche Unfehlbarkeit.

Daß diese letztere Entscheidung der Zeit nach mit der
Kriegserklärung Frankreichs an Teutschland zusammenfiel,
halten wir für keinen Zufall. Freilich wurde jenes Unternehmen mit der Auflösung des Kirchenstaates und dieses mit
der Zertrümmerung des Kaiserreiches und der Demütigung
der angreifenden Macht beantwortet. Aber daß die Ultramontanen überall mit Frankreich sympathisieren, daß sie überall
Teutschland und diejenigen dieses Landes wenigstens dessen
Regierung hassen und anfeinden, ist bekannt. Auch ist es
gewiß kein zufälliges Zusammentreffen, daß, während Frankreich um ein Bündnis mit Rußland gegen Teutschland buhlt
und diesem zulieb seine früheren Sympathien mit den Polen
weggeworfen hat, die österreichischen Ultramontanen mit den
dortigen Slawen zusammenhalten, deren Ideal die Losreißung
von Österreich und die Vereinigung mit Rußland ist, und
daß der kroatische Bischof Stroßmayr, dieser ehemalige
Gegner der päpstlichen Unfehlbarkeit, an die russische Kirche
eine Glückwunschadresse senden durfte, ohne vom Papste
auch nur eine Zurechtweisung zu erhalten. Es ist auch be-

zeichnend, daß im Jahre 1872 die Ultramontanen und die
wälschen Schweizer in der Verwerfung des freisinnigen Ent-
wurfes einer Bundesverfassung ihres Landes einig gingen
und jetzt die Ersteren in mannigfacher Verbindung mit den
Socialdemokraten stehen, mit deren Hilfe sie den verhaßten
konfessionslosen oder vielmehr von den Konfessionen unab-
hängigen Staat zu untergraben hoffen. Damit stimmt es
vollkommen überein, daß die deutschen Socialdemokraten
den berüchtigten, hoffentlich folgenlosen jesuitenfreundlichen
Reichstagsbeschluß herbeiführen geholfen haben.

IV. Die Verfassung der Gesellschaft Jesu.

Zur Verfassung des Ordens rechnen wir die Art und Weise, wie der Jesuit wird, und diejenige, wie er wirkt. Erstere ist enthalten in den Exerzitien, dem Werke des schwärmerischen Stifters, das seinen eigenen Erlebnissen nachgebildet ist, letztere in den Konstitutionen, welche nach seinem Entwurfe von seinem staatsklugen Nachfolger Jakob Lainez überarbeitet wurden. Jene sind das geistige Wesen, diese der Leib der Gesellschaft Jesu.

Als Zweck des Ordens wird von diesem selbst angegeben: „nicht nur, mit Hilfe der göttlichen Gnade an der Seligkeit und Vervollkommnung derjenigen zu arbeiten, welche die Gesellschaft ausmachen, sondern auch mit derselben Hilfe aus allen Kräften an der Seligkeit und Vervollkommnung des Nächsten." Um diesen Zweck zu erreichen, werden von den Mitgliedern die drei Gelübde der Armut, der Keuschheit und des Gehorsams abgelegt. Dasjenige der Armut soll so verstanden werden, daß sowohl die Einzelnen, als die Kirchen und Häuser der Gesellschaft keine Einkünfte haben, sondern von Almosen leben sollen.

Die Mitglieder zerfallen in vier Klassen, welche von unten herauf folgende sind:

4*

1) Die Novizen, welche in der Regel zwei Jahre in einem Novizenhause zubringen und genau beobachtet werden, von ihrer Bestimmung im Orden aber nichts erfahren. Sie werden strengen Prüfungen unterworfen, ob etwas ihrer Aufnahme entgegenstehe, zu welchen Hindernissen namentlich gehören: Abweichung vom Glauben, Verbrechen und schwere Sünden, Verbindlichkeiten gegen einen andern Orden, Verehelichung, störende körperliche Fehler. Man erkundigt sich nach allen ihren persönlichen, Familien- und anderen Verhältnissen, nach ihren Anlagen und Fertigkeiten, Ansichten und Absichten. Sie müssen sechs Hauptproben durchmachen, welche darin bestehen, daß sie sich je einen Monat lang mit geistlichen Betrachtungen abgeben, in Spitälern dienen, ohne Geld reisen und betteln, verachtete Dienste leisten, Kinder oder ungebildete Personen im Glauben unterrichten, und predigen oder Beichte hören. Sie dürfen nur mit solchen Gefährten umgehen, die ihnen die Oberen bestimmen, dürfen von ihren Eltern nur reden, als ob sie tot wären, und es wird ihnen geraten, jede Verbindung mit ihrer Familie aufzugeben. Eine Generalbeichte schließt die Laufbahn des Novizen, dessen Beschäftigung von Stunde zu Stunde während des Tages genau vorgeschrieben ist.

2) Die Scholasten legen die drei Gelübde ab, verpflichten sich zum Eintritt in den Orden, studieren erforderlichen Falls die Wissenschaften nach dem System der Jesuiten und machen noch einmal Exerzitien und eine Probezeit durch.

3) Die Koadjutoren können immer noch entweder geistlich oder weltlich sein; im letztern Falle dienen sie dem Orden als Köche, Gärtner, Krankenwärter und Diener jeder Art, während die Geistlichen sich vorzüglich dem Unterrichte der Jugend widmen.

4) Die Professen müssen als Koadjutoren die Priesterweihe erhalten haben und legen dem Orden noch ein viertes Gelübde ab, nämlich dem Papste unbedingt zu Willen zu

sein, sich von ihm überall hinsenden zu lassen, wohin er es
für gut findet. Sie sind die Regenten des Ordens und
widmen sich allein den Zwecken desselben. Ihre Zahl be-
trägt nur etwa zwei vom Hundert aller Ordensglieder.
Außer diesen vier Klassen giebt es noch affiliierte Jesuiten,
d. h. solche Personen, welche, ohne die mönchischen Gelübbe
abzulegen, für die Interessen des Ordens arbeiten und ihm
unbedingt gehorchen. Man nennt sie: Jesuiten im kurzen
Rocke. Ihre Organisation und ihr Verhältnis zum Orden
und zur Außenwelt, sowie ihr Personalbestand, sind durchaus
Geheimnisse. Ebenso giebt es auch Jesuitinnen.

Der oberste Würdenträger des Ordens ist der General,
welcher absolute Gewalt besitzt, alle Ordensbeamten ernennt,
sie auch absetzen kann, und auf Lebenszeit gewählt wird.
Als seine Minister figurieren die Assistenten, vier bis sechs
an der Zahl, denen Jedem ein bestimmter Teil der Erde
zur Oberaufsicht zugewiesen ist (eine Einteilung, welche oft
abgeändert wurde). Unter jedem Assistenten steht eine Anzahl
von Provinzen, in welche die Erde eingeteilt ist, und an
der Spitze jeder Provinz ein Provinzial. Solcher Provinzen giebt es gegenwärtig z. B. in Österreich und Teutschland,
nebst den Niederlanden drei, in Italien vier, in Frankreich
zwei usw., zusammen siebzehn. An der Spitze der lokalen
Niederlassungen stehen Superioren. Diese Niederlassungen
sind entweder Profeßhäuser, deren es drei, in Rom, Palermo
und Genua, Exerzilienhäuser deren es zwei, in Rom und
Lyon, giebt, dann mehrere Novizenhäuser, Seminare, Kollegien,
Pensionate und Missionen. — An der Seite jedes Würdenträgers, des Generals, der Assistenten, der Provinziale und
der Superioren steht ein Abmonitor oder Konsultor, der ihn
an seine Pflichten zu erinnern hat. Zur Überwachung der
Provinzialverwaltung werden vom General Visitatoren ab-
geordnet. Das Rechnungswesen und die Prozesse des Ordens
besorgen Prokuratoren, die Censur der von Ordensgliedern

verfaßten Schriften Revisoren. Die General ver-
sammlung, welche unter dem Vorsitze des Generals aus
den Assistenten und Abgeordneten der Provinzen besteht,
wählt den General und die Assistenten, entscheidet nötigen-
falls über Entsetzung derselben, und bestätigt die von
dem General getroffenen Abänderungen der Konstitutionen,
sowie Veräußerungen von Ordensgütern. In besonders
wichtigen Fällen wird eine Generalkongregation berufen,
an welcher alle Professen teilnehmen dürfen. Jede Provinz
hat überdies eine Provinzialkongregation.

Was von den Oberen in der Gesellschaft Jesu ihren
Untergebenen aufgetragen wird, muß ohne Prüfung vollzogen
werden, „als ob sie ein Leichnam wären" (perinde acsi
cadaver essent), und sie müssen sich behandeln lassen „wie
der Stab in der Hand eines Greises", wie es in den Konstitutionen, Teil VI. Kap. 1. § 1. wörtlich heißt. Ja in
demselben Werke (VI. 5) steht sogar ein Satz, welcher ver-
schieden übersetzt worden ist und den wir daher im
Original wiedergeben: „Visum est nobis in domino —
— nullas constitutiones, declarationes vel ordinem
ullam vivendi posse obligationem ad peccatum mortale
vel veniale inducere, nisi superior ea in nomine domini
Jesu Christi vel in virtute obedientiae jubeat."
Ranke (Päpste, 4. Aufl., Bd. I. S. 223) sagt dazu: „...
es bleibt dabei, daß die Gewalt des Obern, eine Sündlichkeit
involvierende Anordnung zu geben, von höchst außerordent-
lichem Charakter ist."

Wie dieses Verhältnis blinden Gehorsam, so hat
daneben jenes unter den Gleichstehenden, sowie jenes der
Höheren gegen die Niederen, Mißtrauen zum Inhalte. Alle
Briefe, welche von Jesuiten geschrieben oder empfangen werden,
müssen von den Oberen gelesen werden. Der Jesuit Mariana
sagt darüber: „Die ganze Regierung der Gesellschaft beruht auf
Delationen (Angebereien), die sich wie ein Gift durch das

— 55 —

Ganze verbreiten, daß kein Bruder dem Andern trauen kann.
Aus grenzenloser Liebe zur unumschränkten Herrschaft nimmt
unser Ordensgeneral alle Delationen in seinem Archiv auf
und zollt ihnen Glauben, ohne daß er erst den anhört, gegen
den sie gerichtet sind." (Mariana de morbis Soc. Jesu,
Cap. III, Apb. 24). Auch jeder Würdenträger berichtet in
vorgeschriebenen Perioden seinen Oberen über seine Untergebenen, der Admonitor oder Konsultor jedes Würdenträgers
über den Letzteren dem General, zu gewissen Zeiten auch
die Superioren dem General mit Umgehung der Provinzialen,
und endlich beaufsichtigen die Assistenten den General selbst
und müssen gegen ihn einschreiten, wenn er sich verfehlt.
Genaue Listen werden über alle Mitglieder und deren Thun
und Treiben geführt.

Aus dem Mitgeteilten geht genugsam hervor, daß bei
den Jesuiten unter den allgemeinen Ordensgelübden das
Hauptgewicht auf den Gehorsam gelegt wird, welcher jeden
selbstständigen Gedanken erstickt, ja sogar jede indivi-
duelle Entwickelung des Charakters unmöglich macht, so
daß der Orden in der That keine eigenartig ausgeprägten
Geister hervorgebracht hat, welche etwas Originelles geschaffen
hätten. Die Menschheit wird (Const. VI. 1. 1.) nur mit
wenig Worten erwähnt und von der (Const. VI. 2) den
Ordensgliedern zur Pflicht gemachten Armut werden (Instit.
I, 277 und Const. IX. 3, 6. 7.) so viele Ausnahmen gestattet, daß dieses Gelübde in Wirklichkeit bei dieser Gesellschaft gar nicht besteht. Sogar ein ausgestoßenes Mitglied erhält die Geschenke, die es dem Orden gemacht hat,
nicht zurück. Nach den Deklarationen des Ordensgenerals
Lainez (S. 411) darf der Jesuit, sobald es die Zwecke des
Ordens erfordern, beträchtliche Geldsummen verwenden, auf
das behaglichste leben, sich kostbar kleiden (,,zur größeren
Ehre Gottes," fügt Loyla's Nachfolger bei).
Was nun die Exerzitien oder geistlichen Übungen

(Betrachtungen) Loyola's betrifft, auf welche jeder Jesuit das
ganze Leben hindurch jährlich wenigstens acht, der Novize
aber 30 volle Tage verwenden muß, so lassen wir über
sie die trefflichen Worte eines neueren Geschichtschreibers
sprechen:*)
„Das ganze Buch ist ein psychologisches Meisterwerk.
Mit wahrer Virtuosität beherrscht es das menschliche Herz,
seine verborgensten Beweggründe, seine feinsten und seine
gröbsten Empfindungen. Die höchsten Ideen wie die sinn-
lichen Instinkte des Menschen werden in den Dienst der
Absichten des Verfassers gestellt, die darauf hinauslaufen,
die Seele Gott, d. h. der katholischen Kirche gänzlich zu
unterwerfen. Kein Mittel ist dabei vergessen, und am
wenigsten die äußerlichen: wie die genaue schriftliche Aufzählung der Sünden und ihre häufig wiederholte Beichte
durch den Schüler; die Erregung der Einbildungskraft bis
zur Herbeiführung von Hallucinationen; vollständige Zwie-
gespräche des Gläubigen mit seiner eigenen Seele und seinem
eigenen Gewissen, sowie mit Christus, der Jungfrau und
den Heiligen; die Verpflichtung, moralischen Schmerz und
Selbstverachtung zu empfinden und Thränen zu vergießen:
glühende Gebete, die jedesmal dem behandelten Gegenstande
angepaßt sind: das deutliche Bild des gekreuzigten Jesus, sowie
die Hölle mit allen ihren Martern." Der Schüler wird
um Mitternacht geweckt, es werden ihm Skelette vorgehalten,
wenn er düster, Blumen überreicht, wenn er mild gestimmt
werden soll. Gewisse Stellungen und Geberden werden
ihm vorgeschrieben; Fasten und Geißelungen fehlen nicht
dabei. Das Ziel von allem dem aber ist die völlige willenlose
Unterwerfung unter die römische Kirche. Die Kirchenväter,
Thomas von Aquino und die Lieblingstheologen der Jesuiten

*) Philippson, Westeuropa,Einleitung S. 55 f. Exercitia spiritu-
alia Sancti Patris Ignatii, explicata per R. P. Jacobum Nollet S. 1.
Ed. 2. Dillingen 1889.

müſſen dem Exerzierenden ebenſoviel gelten wie die Bibel. Was die Kirche ſchwarz nennt, ſagt Loyola, muß er als ſchwarz anerkennen, auch wenn es ihm weiß erſcheint. Der Jeſuit Bellarmin geht noch weiter und ſagt, daß ſelbſt die Sünde, wenn vom Papſte geboten, zur Pflicht werde oder wörtlich: wenn der Papſt darin irrte, daß er Laſter vorſchriebe und Tugenden verböte, ſo ſei die Kirche gehalten, zu glauben, daß die Laſter gut und die Tugenden ſchlecht ſeien, wenn ſie nicht gegen ihr Gewiſſen ſündigen wolle; ſie müſſe glauben, was er befehle ſei gut und was er verbiete ſchlecht. (Bellarmin de controv. T. I. de Rom. Pont. lib. IV. c. 5.). Der 1893 aus dem Orden ausgetretene Graf Paul von Hoensbroech bezeugt folgendes: „Der Jeſuitismus nivelliert die geiſtige Selbſtändigkeit ſeiner Glieder, zwingt dieſe in eine alles umfaſſende, alles beherrſchende Schablone, läßt ſie dadurch verkümmern und nicht zu der ihr naturrechtlich zuſtehenden Entfaltung gelangen.... Von Viertelſtunde zu Viertelſtunde iſt dem Novizen vorgeſchrieben, was er zuthun hat.... Der Wille, die Neigung zu irgend einer Thätigkeit wird abgeſtumpft. ... Will der Novize einen Schluck Waſſer trinken, ein Stück Papier, ein Buch, einen Bleiſtift benützen, ſo muß er um Erlaubnis fragen.... Jeder Novize bekommt einen ſog. Schutzengel zugeteilt, d. h. zwei Novizen haben täglich zu einer beſtimmten Stunde ſich gegenſeitig aufmerkſam zu machen auf Verſtöße, die ſie etwa begangen haben. Mehrmals im Jahre wird die ſog. Steinigung vorgenommen; jeder Novize muß niederknien und dann darf jeder der übrigen äußere Verſtöße an ihm tadeln, z. B. er geht zu raſch, zu langſam, ſpricht zu laut, zu leiſe u. ſ. w. .... Jede Woche werden ihm beſtimmte Ordensgenoſſen beigegeben, nur mit dieſen darf er ſich unterhalten. ... Kurz, es iſt der ganze Menſch in allen ſeinen Bewegungen und äußerm Gebahren, bei Tag und bei Nacht, der erfaßt, gemodelt wird.“

V. Die Moral der Jesuiten.

Die moralischen Grundsätze des Ordens der Jesuiten bezeichnet man gewöhnlich durch den Satz: „der Zweck heiligt die Mittel." Es ist zwar nicht nachgewiesen, daß dieser Satz mit derselben Wortfolge in einer jesuitischen Schrift vorkomme; allein seine jesuitische Herkunft erhellt sowohl aus dem Umstande, daß er aus den Ansichten der Moralisten des Ordens dem Sinne nach hervorgeht, wie wir näher sehen werden, als auch aus folgenden Sätzen jener Gelehrten: Hermann Busembaum stellt in seiner ‹Medulla theologiae moralis› (erschienen zuerst 1650 in Frankfurt a. M.) als Lehrsatz S. 320 hin: ‹Cum finis est licitus, etiam media sunt licita› (wenn der Zweck erlaubt ist, so sind auch die Mittel erlaubt), und S. 504: ‹Cui licitus est finis, etiam licent media.› Der Jesuit Paul Laymann faßt in seiner ‹Theologia moralis› (München 1625, Liber III, s 4, § 12 p. 20), indem er sich auf Sanchez beruft, jenen Satz in folgende Worte: ‹Tactus turpes inter coniuges, si fiant ut praeparationes, seu incitamenta ad copulam coniugalem, vacant culpa: quia cui concessus est finis, concessa etiam sunt media ad finem ordinata.› Escobar

in feinen ‹Univ. theologiae moralis recept. sententiae›
(Lyon 1652—63) fagt (Tom IV. l. 33. sect. 2, probl. 65,
n. 300), p. 336): ‹Non peccat, qui ob bonum finem in
actibus ex natura sua malis delectatur› (ber fünbigt nidjt,
welcher fid) wegen eines guten Zweckes an ihrer Natur nad)
fdjledjten Haublungen ergötzt). ‹Finis enim,› fo heißt es
nach Beleuchtung obigen Satzes an obscönen Weispielen dann
weiter, ‹dat specificationem actibus et ex bono vel malo
fine boni vel mali redduntur› (benn der Zweck giebt den
Haublungen ihren eigentlichen Charakter, und durch einen
guten oder fdjledjten Zweck werden die Haublungen gut
oder fdjledjt). Der nämliche Satz findet fid) aud) in den
Schriften der Jefuiten Sotus, Toletanus, Navarra, Basquez,
Sanchez, Leffius, Sayre, Sylvefter u. a. Bei Carolus
Antonius Cafuebi ‹Crisis theologica› (Liffabon 1711)
zitieren wir in diefer Beziehung Tom. I, disp. 7, sect. 2,
§ 5, u. 87, p. 219, wo es heißt: ‹nunquam posse pec-
cari sine advertentia ad malitiam, nunquam cum bona
intentione› (niemals fönne ohne Hinwendung zur Bosheit,
niemals mit einer guten Abficht gefündigt werden)
und Tom. 2, disp. 14, sect. 4, § 3, n. 120. p. 381. wo
gefchrieben fteht: ‹Bonum morale non pendet nisi a
iudicio operantis, quod sive sit, sive non sit materialiter
conforme legi Dei, duummodo ut est sub iudicio prudenti,
sit formaliter conforme legi Dei, ut ab operante appre-
hensae, satis est Deo, qui primaria operantis intentionem
consideret› (ob eine Handlung moralisch gut fei, hängt nur
von dem Urteile des Handelnden ab, welches für Gott, der
ja vorzüglich auf die Abficht des Handelnden fieht, genug
ift, es mag nun materiell dem göttlichen Gefetze entfprechen
oder nicht, wenn es nach verftändigem Urteil und formell
dem göttlichen Gefetze entfpricht, wie diefes vom Handeluben
aufgefaßt ift). Jafob Illiung fagt in feinem „Baum der
Weisheit 2c." S. 153: ‹Cui licitus est finis, illi licet

etiam medium ex natura sua ordinatum ad talem finem»
(wem der Zweck erlaubt ist, dem ist auch das seiner Natur
nach zu solchem Zwecke geeignete Mittel erlaubt). Ludwig
Wagemann, jesuitischer Professor der Moral, in seiner
«Synopsis theologiae moralis» (Augsburg und Innsbruck
1762, Index lit. F «Finis determinat moralitatem actus»
(der Zweck bestimmt die Sittlichkeit der Handlung). Edmund
Voit in seiner «Theologia moralis» (Würzburg 1769,
neueste Aufl. 1860), Pars I, p. 123 sagt: «Cui finis licet,
ei et media permissa sunt»; ebendaselbst p. 472, b. 731:
«Cui concessus est finis, concessa etiam sunt media ad
finem ordinata.» Pater Vincentius Filliucius aus Sirna
sagt in seinen «Quaestiones morales de christianis officiis
in casibus conscientiae» (Lyon 1634), tom II, fract. 25,
cap. 11, quaest. 4. No. 331, pag. 161: Intentio discernit
actionem (die Absicht giebt der Handlung ihren Charakter).
Auch in neuester Zeit lehrt Johannes Petrus Gury in
seinen «Casus conscientiae» (Regensburg 1865), p. 332:
«ubi licitus est finis, etiam licita sunt media per se
indifferentia» — (die an sich gleichgiltigen Mittel). Der
neueste jesuitische Moraltheolog Augustin Lehmkuhl endlich
sagt: moralitas tandem desumiter ex fine (die Moralität
wird nach dem Zwecke beurteilt; Theol. moralis 5. edit.
Friburg. 1888, vol. I, pag. 32, § 30).

Da indessen obigen Stellen gar viele Ausnahmen und
Vorbehalte beigefügt, ja sogar in manchen Fällen die
„schlechten Mittel" (ein übrigens sehr dehnbarer Begriff)
verworfen sind, so kann der wiederholt angeführte Satz nicht
als ein ausdrücklich und für sich von den Jesuiten gelehrter
gelten. Dagegen ist mit jenen Stellen, worin allein der
Zweck dieser Anführungen besteht, der Beweis, daß der
Grundsatz „Der Zweck heiligt die Mittel" nicht ohne Grund
den Jesuiten zur Last gelegt worden, in unumstößlicher
Weise geleistet.

Allerdings wird — leider — auch außerhalb der „Gesellschaft Jesu“, sogar von heftigsten Gegnern derselben, der
Grundsatz, daß der Zweck die Mittel heilige, vielfach befolgt.
Dies ist aber nicht zu vermeiden; denn es ist nicht möglich,
die Befolgung dieses Grundsatzes in seiner Allgemeinheit in
die Schranken eines Strafgesetzbuch-Paragraphen zu bringen.

Es würde nun allerdings nicht viel zu bedeuten haben, wenn
der Grundsatz, daß, wo der Zweck erlaubt ist, auch die Mittel erlaubt seien, bloß für sich bastände, ohne daß praktische Konse-
quenzen daran geknüpft würden. Aber das Schlimme liegt eben
darin, daß die gesamte Sittenlehre der Jesuiten von der
ältern bis auf die neueste Zeit nur in einer weitern Ausführung jenes in seiner Anwendung so bedenklichen Satzes
besteht. Diese Sittenlehre ist aber um so gefährlicher, als
sie in vielen Fällen mit dem Leben ihrer Urheber im geraden
Widerspruche steht und daher um so mehr zu unsittlichem
Handeln mittelbar ermuntern oder solches wenigstens entschuldigen kann. Unter diesen Sittenlehren ist nämlich einer
der bedeutendsten Antonius von Escobar und Mendoza
(geb.1589, gest. 1669), welcher das strengste sittliche Leben führte
und der peinlichsten Pflichterfüllung in seinem geistlichen Amte
oblag, was, wie wir nicht zweifeln wollen, auch von den
meisten, wenn nicht allen, der übrigen jesuitischen Moralisten
gesagt werden kann. Diese Männer haben jedoch durch die
laxe Moral ihrer Lehren ihren Gläubigen indirekt das Recht
gegeben, ihr eigenes strenges Verhalten für unnötig zur
Erlangung religiöser und moralischer Verdienste zu erachten.

Keine Schönfärberei kann die Thatsache umstoßen, daß
beinahe sämtliche Jesuiten, welche über Moral geschrieben
haben, unter ihnen 50 bis 60 namhafte fleißige Schriftsteller und geistreiche Gelehrte, diejenigen Handlungen, welche
vom gesunden Menschenverstande und von den Sitten-
vorschriften aller civilisierten Völker als schlecht erklärt
werden, in vielen Fällen als erlaubt, in vielen wenigstens

als zweifelhaft, ob erlaubt oder nicht, hingestellt haben. Da nun keine jesuitischen Morallehrer bekannt sind, deren Grundsätze mit der allgemein geltenden Moral durchaus übereinstimmen, die Schriften aber, in welchen das Gegenteil der Fall ist, vom Orden ausdrücklich gebilligt worden sind, so hat die Kulturgeschichte der Menschheit das vollste Recht, die Lehren der namhaften jesuitischen Morallehrer als Lehren des Ordens selbst zu betrachten. Es ist indessen unsere Pflicht, zu sagen, daß gegenüber den Lehren der älteren jesuitischen Moralisten (des 16. bis 18. Jahrhunderts) der neuere Gury (um 1870) bedeutend bessere, d. h. moralisch strengere Saiten aufzieht, und dem Letztern gegenüber der neueste Moralist Lehmkuhl in der Annäherung an die allgemein als gut anerkannte Moral wieder weitere Fortschritte gemacht hat. Ist es den Jesuiten damit Ernst, so soll es uns freuen; aber ein gewisses Mißtrauen in ihre Aufrichtigkeit dürfen sie uns im Hinblick auf ihre Vergangenheit nicht verübeln.

Die Theorien der Jesuiten in der sogenannten Moraltheologie lassen sich auf verschiedene Kunstgriffe zurückführen, durch welche ein möglichst schlaffes und wenig bindendes Sittengesetz erzielt wird, so daß der witzige Franzose Hallier vom Jesuiten Baunn sagen konnte: Sieh da Den, welcher hinwegnimmt die Sünden der Welt! Jene Kunstgriffe sind: der Probabilismus, die Leitung der Absicht (methodus dirigendae intentionis) und der innere Vorbehalt (reservatio s. restrictio mentalis), zu welchen Hauptmotiven noch einige untergeordnete Hilfsmittel kommen, wie die Zweideutigkeit, der Illisimus, Clandestinismus, Quietismus und Formalismus.

Der Probabilismus, (über welchen der Anhang Näheres sagt), diese Grundlage der gesamten jesuitischen Moral, liegt darin, daß alles für erlaubt gilt, was irgend eine achtungswerte Autorität (Doctor gravis), für Jesuiten also offenbar zunächst eine jesuitische, als erlaubt erklärt. So sagen die Jesuiten Sanchez, Navarra, Escobar, Sa u.

a. ausdrücklich: was ein einziger gelehrter Mann behaupte,
erhalte hierdurch, wenn auch hundert dagegen sind, einen
Grad von Wahrscheinlichkeit (probabilitas) und dürfe daher
unbedenklich vollführt werden. Halten nun mehrere Doctores
graves, die Einen eine That für erlaubt, die Andern dieselbe für nicht erlaubt, so hat man die Wahl, sie zu verüben oder nicht. Emanuel Sa geht noch weiter und sagt:
„Man kann thun, was man nach einer wahrscheinlichen
Meinung für erlaubt hält, wenn auch das Gegenteil vor
dem Gewissen sicherer ist," und Escobar: man dürfe einer
weniger wahrscheinlichen Meinung mit Hintansetzung der
wahrscheinlichern folgen, ja sogar die sicherere aufgeben und
der eines Andern folgen, wenn dieselbe nur ebenfalls wahrscheinlich ist. — Es versteht sich nun aber von selbst, daß
ein Jesuit unter mehreren mehr oder weniger „wahrscheinlichen" (probabeln) Handlungsweisen stets diejenigen ins
Werk setzen, beziehungsweise Anderen anraten wird, welche
seinem Orden vorteilhafter (magis conveniens Nostris)
ist, — sie möge gut oder schlecht sein (Declar. in Const. III.
1. O. VIII. 1 K).

Am gefährlichsten erscheint diese Theorie in Bezug auf
eine der bedeutendsten Thätigkeiten des Ordens, diejenige im
Beichtstuhle. Die Jesuiten Pasquez und Escobar lehren
z. B., der Beichtvater dürfe dem Beichtkinde unter Umständen auch eine weniger wahrscheinliche, ja sogar eine
gegen seine eigene Absicht streitende Handlungsweise anraten, wenn dieselbe leichter und vorteilhafter sei, und der
Ordensmann Bauny ergänzt dies durch die Versicherung:
wenn die Ansicht, nach welcher Jemand handelte, probabel
sei, so müsse ihn der Beichtvater absolvieren, auch wenn er
selbst eine ganz andere Ansicht hege, und wenn er sich dessen
weigere, so begehe er eine Todsünde, — womit auch Sanchez
und Suarez übereinstimmen.

Lehmkuhl faßt seine Ansicht über den Probabilismus

so zusammen: „In allen zweifelhaften Dingen, und nur in
diesen, in welchen es streitig ist, ob sie erlaubt sind oder
nicht, darf man der wahrhaft probabeln Ansicht folgen,
welche die Handlung oder Unterlassung als erlaubt bezeichnet,
selbst wenn die entgegengesetzte Meinung, nach welcher sie
für unerlaubt gehalten wird, auch probabel oder sogar
probabler ist (Theol. mor. 1, p. 64)." Damit läßt sich
schlechterdings jede Handlungsweise rechtfertigen.

Das eben Gesagte erhält gewichtige Unterstützung dadurch, daß in der That die einen jesuitischen Moralisten
dieselbe Handlung für erlaubt erklären, welche die anderen
verdammen. Während Vasquez den Mord entschieden verdammt, entschuldigen Leisius und Escobar den Mord aus
Rache. Gregor von Valencia erlaubte dem Richter, der für
die eine Partei so viel Wahrscheinlichkeit des Rechtes vorhanden findet, wie für die andere, derjenigen Recht zu
geben, deren Vertreter ihm befreundet ist, ja sogar um
seinem Freunde zu dienen, das eine Mal so, das andere
Mal anders zu urteilen — wenn daraus kein Schaden
erfolge! Azor und Escobar (Theol. mor. tom. I, p. 48)
erlauben dem Arzte, eine Arznei zu verordnen, von welcher
anzunehmen ist, daß sie heilen könne, wenn auch wahr-
scheinlicher sei, daß sie schade.

Ebenso bequem ist die Lehre von der „Leitung der
Absicht," welche darin besteht, daß eine nach gewöhnlichen
Begriffen schlechte Handlung dadurch erlaubt werde, daß ein
erlaubtes Moment sich ihr beigeselle. So stimmen z. B.
die Jesuiten Vasquez, Hurtabo und Tanner darin überein,
daß ein Sohn den Tod seines Vaters wünschen, ja sich
darüber freuen dürfe, wenn er nicht den Tod als Zweck
betrachte, sondern das zu ererbende oder ererbte Vermögen
ins Auge fasse. Damit nicht zufrieden, gestattet Pater
Jaguabez jene Freude sogar in dem Falle, wenn der Sohn
seinen Vater in der Trunkenheit selbst erschlagen habe!

Besonders bezeichnend für die ältere jesuitische Denk-
weise ist aber der Innere Vorbehalt, mit welchem auch
in den meisten Fällen die Zweideutigkeit verbunden ist.
Er findet statt, wenn man einen unwahren Umstand ver-
sichert, ja sogar beschwört und sich Worte hinzubenkt, durch
welche die Versicherung oder der Eid wahr werden. Die
Zweideutigkeit wählt statt des Hinzugedachten einen Aus-
druck, dem in Gedanken eine andere Bedeutung beigelegt
werden kann. Sanchez ist besonders stark hierin und geht
so weit, zu erlauben: wenn ein Mörder gefragt werde, ob
er den Ermordeten getötet habe, so dürfe er antworten:
nein, sofern er z. B. dazu denke, vor seiner Geburt habe
er ihn nicht getötet (Opus morale l. III, p. 356). In
ähnlicher Weise erlaubt Carbenos: wenn jemand einen
Franzosen ermordet habe, so könne er ohne Lüge
behaupten, er habe keinen solchen (Gallum) getötet, sofern
er sich darunter einen Hahn (gallum) denkt (Cris. theol.
pag. 395). So kann man z. B. auch leugnen, ein Schloß
(an der Thüre) erbrochen zu haben, sofern man dabei an
ein Schloß (als Gebäude) denkt. Escobar behnt diese Lehre
aus, indem er davon dispensiert, Versprechungen zu halten,
bei deren Ablegung man bereits beabsichtigt habe, sie nicht
zu erfüllen!

Noch gefährlichere Folgen kann der Utilismus haben,
welcher ein Verbrechen erlaubt, durch welches man einen
großen Schaden von sich (!) abwenden kann. Lamy, Lesius,
Tanner und Navarra z. B. erlauben, dem Verleumder seiner
Ehre durch einen Mord zuvorkommen, sich einem Duell, das
sie übrigens für erlaubt halten, durch den Mord des Geg-
ners, ja sogar einem entehrenden Urteile durch den des
Richters und der Zeugen sich zu entziehen: Caramuel: ein
Weib zu töten, mit dem man sich vergangen, wenn zu be-
fürchten sei, daß sie es verrate.

Harmloser, aber ebenso verächtlich, erscheinen der Quie-

lismus, welcher die Sünde gestattet, sofern die Seele sich
ihr „mit Widerstreben" hingebe oder sofern die Person, mit
welcher man sie begehe, darin einwillige, — der Clandestinismus, welcher (namentlich durch Escobar) Alles entschuldigt, was geheim bleibt (nach der Regel: si non caste,
tamen caute, wenn nicht tugendhaft, doch vorsichtig!) und
der elende Formalismus, welcher alle Gebote zu umgehen
erlaubt, wenn man es unter einer andern Form thut, als
das Gebot enthält, z. B. ein verbotenes Buch in einzelnen
Blättern liest, weil man dann kein „Buch" gelesen hat.
(Gury Compend. Ratisb. 1874, Pars II. pag. 906, No. 982).

Gehen wir nun auf die Ansichten der Jesuiten über
einzelne Laster und Verbrechen ein, so können wir uns bei
der geschlechtlichen Gruppe unstatthafter Handlungen am
kürzesten fassen, weil die Art und Weise, wie die jesuitischen
Moralisten dieselbe besprechen, den einfachsten Begriffen von
Anstand dermaßen in's Gesicht schlägt, daß sie nicht näher
erörtert werden kann. Es ist schon bezeichnend, daß die
Übersetzungen von Pater Gury's Moraltheologie dieses
Kapitel in der lateinischen Ursprache lassen und nicht in
neueren Sprachen wiedergeben. Was dabei am meisten
abstößt, ist der Umstand, daß die Jesuiten das weibliche
Geschlecht mit Abscheu und Verachtung behandeln und nur
mit einer Verführung der Männer durch dasselbe, nicht mit
dem beinahe allein stattfindenden Gegenteil den Begriff der
Sünde zu verbinden scheinen. Was die Männer in dieser
Richtung verüben, findet überall seine zahlreichen Entschul-
digungen, so daß es kaum einen Fall giebt, in welchem
sie verurteilt werden, während die armen Frauen viel
schlechter wegkommen. Gestatten ja viele Jesuiten dem Ver-
führer, die Heirat seines Opfers zu unterlassen, wenn —
ein schlimmer Ausgang der Ehe „befürchtet" werde, und
sprechen einen Mann von jeder Entschädigung an seine Mit-
schuldige frei, ja sogar von der Bitte um Verzeihung bei

den Eltern! Die Jesuiten erlauben auch die Prostitution, welche das Weib bekanntlich zur Sklavin herabwürdigt (Gury Compend. Pars I. pag. 200, No. 421, Note 1)! Fillincius und Tamburini gestatten sie sogar — ehrbaren (?!) Frauen und Mädchen!! Wir fügen die bezügliche entsetzliche Stelle, an deren Vorhandensein wir ohne Einblick in das Original kaum glauben konnten, aus Tamburini, der sich auf de Lugo stützt (Explicatio Decalogi, Monachii 1659, lib. VII. cap. 5. § 3, No. 25 oder Tom. II, pag. 195) wörtlich hier bei; At vero faemina honesta potest petere et sumere, quantum ei placet; ratio est, quia in his et similibus rebus, quae pretio statuto, vel vulgato carent, tanti res potest vendi (!), quanti eam aestimat qui vendit (!) At puella honesta plurimi potest suam honestatem aestimare; unde vides, meretricem, de qua numero praecedente fuit locutio, potuisse initio suae prostitutionis plus accipere; at- ubi tanto, vel tanto pretio honestatem suam aestimavit, huic aestimationi debet stare; secus, venderet supra aestimationem.*) Mit kühler Stirne, wie ein Geschäftsmann von seiner Ware, spricht hier der Jesuit vom Verlaufe und von der Preisschätzung fraulicher und jungfräulicher Ehre, statt von vorn herein eine jede Preisgebung dieses unschätzbaren Gutes mit heiliger Entrüstung zu verdammen! (Vergl. die ähnl. Stelle bei Filliucius moral. quaest. tom. II. tract. 31, cap. 9, No. 231.)

Man wird vielleicht sagen, solche schmutzige Spezialitäten, wie sie besonders Gury mit Vorliebe kultiviert, seien dem Beichtvater notwendig, um in derlei Fällen zu wissen, ob und in wie weit er absolvieren müsse! Jesus, dem die Jesuiten nachzufolgen — vorgeben, war nicht dieser Meinung. Er sagte zur Sünderin: „Gehe und sündige hinfort nicht mehr;" Spezialitäten wollte er keine wissen. Diese

---

*) Es ist bezeichnend, daß diese Stelle von keinem einzigen Kritiker unseres Büchleins berührt worden ist.

thun auch rein nichts zur Sache, wenn einmal Unteuschheit
vorliegt. Eine einbringliche Ermahnung ist hier einem unsaubern Examen doch gewiß weil vorzuziehen, wirksamer
und der Kirche würdiger, abgesehen von den Gefahren, die
es unter Umständen sowohl dem Beichtvater als dem Beichtkinde bereiten kann! Unschuldige Knaben und Mädchen
und unerfahrene Frauen können hierdurch auf Gedanken
geführt werden, die ihnen sonst fremd blieben.

Die Lüge spielt eine große Rolle im jesuitischen
Moralsystem, leider mehr durch ihre Gestaltung, als durch
ihr Verbot. Die Jesuiten gestatten in Strafprozessen den
Angeklagten und den Zeugen so viele Verdrehungen, Leug-
nungen und andere Unwahrheiten, daß bei ihrer Befolgung
die Thätigkeit der Gerichte ungemein erschwert, wo nicht
vereitelt würde. Allerdings setzt Sanchez dabei den Fall,
daß die Frage des Richters ungerechtfertigt sei; aber er
überläßt die Beurteilung dieses Umstandes dem zu Ver-
hörenden! Aus der weitern Ausführung dieses jesuitischen
Gelehrten geht übrigens klar hervor, daß unter einem Richter,
welcher ungerechtfertigte Fragen stellt, ein solcher zu verstehen ist, welcher seiner Ansichten wegen bei der Kirche
nicht in Gunst steht! Aber auch ohne diesen Umstand darf
man nach Sanchez eine Handlung leugnen, wenn man
hofft, hierdurch seine Freisprechung zu erzielen oder seinen
Vorteil zu wahren oder auch irgend welchen Vorbehalt in
Gedanken dabei macht (s. oben S. 65), so daß im Grunde
jedes Leugnen als erlaubt erscheint. Unter diesen Umständen wird auch Meineid ausdrücklich gestattet (Sanchez,
opus morale in praec. Decal. Lib. III, Cap. 8, No. 23—46)!
Gury verbietet zwar im Allgemeinen jede Lüge, erlaubt
aber, „aus wichtiger Ursache" einen geistigen Vorbehalt und
zweideutige Worte zu gebrauchen, und beruft sich auf den
heiligen Alfons von Liguori, welcher zwar kein Jesuit,
aber der Gründer eines der Gesellschaft Jesu befreundeten

und ähnlichen Ordens, der Redemptoristen oder Liguorianer war und sich nicht gescheut hatte, zu behaupten, Christus selbst habe solche Kunstgriffe gebraucht (Gury casus conscient. Ratisb. 1866, pars I. de octavo praec. Decal. pag. 128, No. 415)!!! Einem Jesuiten erscheint also das, was andere Leute als Lästerung einer göttlichen Person auffassen, als Lob derselben! Jesus hat gesagt: „wenn man dir auf die eine Wange schlägt, so biete auch die andere dar!" Seine angeblichen Nachfolger Fagundez, Filliucius, Escobar, Gury u. a. aber erlauben, Verleumbung durch Verleumbung, Schimpf durch Schimpf zu vergelten (Escobar Tom. IV, pag. 368, Probl. I. No. 86), und zwar — zum Heile des Beschimpfers, damit er nicht übermütig werde und damit ihn Andere weniger achten!! Ja, es wird sogar erlaubt, einem Andern ein falsches Verbrechen anzudichten, um vor Gericht der Tortur oder außer Gericht schwerem Schaden zu entgehen (Sotus, Lessius u. A., bei Escobar a. a. O., pag. 373). Escobar, Lessius, Navarra u. m. A. gestatten auch die Eröffnung fremder Briefe, von denen man ein Übel „fürchtet," oder auch aus Neugierde, wenn man „nichts bedeutendes" darin enthalten glaubt! Sollte aber unerwartetes Übel daraus erfolgen, so ist der Neugierige nach Molina zu keinem Ersatze verpflichtet (Escobar a. a. O. pag. 375 f.). Dasselbe gestattet auch Gury (Compend. Pars I. pag. 221, No. 471).

Dies führt uns auf andere Vergehen gegen die Nächstenliebe. So gestatten mehrere jesuitische Moralisten, durch Einflüsterungen einen Andern aus der Gunst eines Hochstehenden zu verdrängen, indem man Fehler desselben aufdeckt, — ein einem Andern zugedachtes Erbteil für sich selbst zu erbitten, — einem Sünder Krankheit zu wünschen, damit er sich belehre, oder den Tod, damit sein Unrechtthun aufhöre. — Einem das Gut, um das man ihn gebracht, wenn er den Schädiger beschimpft hat, nicht zu erstatten, — Tote zu beschimpfen :c. (Escobar, IV, p. 384, 388, Molina, Filliucius u. a. Sreuger ist dagegen Gury Compend. Pars I. pag 214 f.). Selbst das Verhältnis zwischen Eltern und Kindern und zwischen Eheleuten begegnet bei den Jesuiten recht häßlichen Grundsätzen. Nach Escobar, Lara, Sanchez, Fagundez, Surbus und anderen sind weder katholische Kinder verpflichtet, ihre ketzerischen Eltern, noch katholische Eltern, ihre ketzerischen Kinder, selbst in schwerer Not, zu ernähren. „Katholiken sind gehalten, Väter, Brüder und Schwestern, wenn sie uns zur Sünde (d. h. zu anderm Glauben als dem kirchlichen) antreiben, zu hassen," sagt Fagundez, und Escobar fügt bei: denn sie sind nicht Eltern, sondern Feinde der Seele und des Heils (theol. mor. t. IV. p. 239). Toletus und Escobar (a. a. O.) lehren ferner, daß katholische Kinder ihre Eltern des Verbrechens der Ketzerei anklagen können, auch wenn sie wissen, das dieselben den Feuertod leiden müssen! Escobar behauptet, mit Zustimmung von Molina, Victoria, Henriquez u. a., daß Kinder den Eltern in Hinsicht der Ehe und Bewahrung der Unschuld keinen Gehorsam schuldig seien, und auch Gury (Comp. pag. 771) ist derselben Ansicht. Sanchez lehrt, daß der Mann die Frau prügeln dürfe und dies erst dann einen Scheidungsgrund abgebe, wenn es mit Todesgefahr für die Frau verbunden sei (Escobar, theol. moral. tom. IV, pag. 246. Sanchez disput. de matrim. tom. III, lib. 10 de divortio disp. 18, No. 15, 16).

Auf dem Gebiete des Diebstahls huldigen die Väter der „Gesellschaft Jesu" durchweg derjenigen Handlungsweise, welche in Folge eines Mißverständnisses der Legende dem heiligen Crispinus nachgesagt wird. Ein Sohn sündigt nicht schwer, wenn er seinen Vater bestiehlt und das Gestohlene den Armen giebt oder zu standesgemäßer Erholung verwendet oder wenn er dem Vater so viel stiehlt, als ihm dieser für geleistete Arbeiten zu geben hätte und nicht freiwillig giebt. Ebenso eine Frau, die ihrem Manne Geld wegnimmt, damit er es nicht verschwende oder ein ketzerisches Buch, damit er es nicht lese (Busembaum, Escobar, Diana, Lessius, Liguori und Gury). Dienstboten dürfen kleine Portionen Lebensmittel stehlen (Navarra und die Vorigen), Mönche das ihnen von den Vorgesetzten vorenthaltene Nothwendige (Escobar u. a.). Arme dürfen kleine Beiträge zusammenstehlen, um sich zu erhalten (Medina, Escobar und Gury). Wer aus Not fremdes Gut verzehrt, braucht es nicht zu erstatten; dem Schuldner darf man nehmen was er schuldet oder dem Gläubiger, was man ihm nach eigener Ansicht zu viel bezahlt hat oder dem Herrn, was man an Lohn zu wenig erhält oder was davon wegen unabsichtlicher Beschädigung einer Sache abgezogen wird. Ebenso ist es erlaubt, auf Grund einer Gegenforderung vom Gläubiger die Quittung zu erschleichen, unter dem Vorwande, ihn bezahlen zu wollen ꝛc. (alles mit noch mehrerem bei Gury compend. P. I. No. 616—625; cas. conse. pag. 177 ff). Auch Lehmkuhl (theol. mor. I. p. 577 f) gestattet in gewissen Fällen die geheime Schadloshaltung, welche doch nach den Gesetzen wahrer Moral durchaus verwerflich ist. Busembaum, Laymann, Navarra, Liguori und Gury gestatten dem Wesen nach dem Schuldner, mit Bezahlung der Schuld zu warten, so lange er will oder auch für immer, wenn er durch die Bezahlung mehr Nachteil erlitte als der Gläubiger Vorteil hätte, — Lessius und Escobar dem Falliten, so viel zurückzubehalten, daß er anständig leben kann, d. h. in der Praxis: so viel er will, — Sanchez sogar: das Zurückbehaltene vor dem Richter abzuleugnen. Escobar, Filliucius, Liguori, Gury (compend. P. I. No. 944 ff.) u. a. gestatten den Spielern so viel Freiheiten, daß damit thatsächlich jeder Spielbetrug erlaubt ist, und Moullet (compend. I, 521) ist so freundlich dem Schneider die Versorgung seiner „Hölle“ mit Tuchstücken von „nicht bedeuten-

dem Werte" und verschiedenen Leuten anderweitige geheime
Schabloshaltung zu gestatten. Escobar schenkt dem Finder
das Gefundene, wenn der Eigentümer unbekannt ist, und
so geht der heimliche Kommunismus weiter ins Unglaub-
liche! (Escob. IV. p. 342 ff.)

Das schwerste aller Verbrechen, der Mord, begegnet
bei den genannten Moralisten gleicher Nachsicht wie die
übrigen. Escobar, Navarra und viele Andere erlauben,
ohne überall einig zu sein, die Tötung desjenigen, der uns
schlägt oder auch nur schlagen will, oder eines „falschen"
Zeugen (d. h. eines solchen, der uns schaden kann) oder
des Diebes, der uns bestehlen will, ebenso eines Tyrannen
(d. h. den man dafür hält), und eines Ehrabschneiders nicht
nur, sondern auch dessen, der unsere wirklichen geheimen
Schäden offenbart u. s. w. Endlich ist es auch, nach der
Ansicht Mancher, dem Sohne erlaubt, den Vater zu töten,
wenn dieser — im Banne ist! Während aber die Jesuiten
auf so frivole Weise mit dem Leben anderer umspringen,
verbieten sie teilweise jeden Opfertod. Manche von ihnen
gestatten nämlich nicht, das eigene Leben für das eines
Freundes, noch für dessen Ehre und Vermögen auf's Spiel
zu setzen, und predigen damit den scheußlichsten Egoismus,
der, wenn die Menschen gelehrige Schüler der Jesuiten
würden, absolute und allgemeine Unsicherheit des Lebens
zur Folge haben würde! (Man findet diese Lehren vorzüglich bei Escobar vol. IV, lib. 32 de praecepto quinto,
pag. 265 ff., 273 ff., sowie bei Navarra, Azor, Bannez,
Lessius, Basquez, Jagundez, Sa, Sotus, Hurtado, Victoria,
Lorca, Busembaum, Tanner, Filliucius, Molina, Beccanus
u. a.) Einige dieser Jesuiten sind allerdings strenger gegen
die Mörder als andere, und Gury ist von diesen Mord-
lehren seiner älteren Ordensgenossen abgekommen, da sie
denn doch mit der staatlichen Ordnung der Gegenwart unvereinbar geworden sind; aber er verkündet immerhin noch

die durchaus unchristliche Lehre: „Jedermann ist verpflichtet, sich selbst mehr als den Nächsten zu lieben"
(Pars I. No. 221), und die Thatsache besteht trotz alledem,
daß nicht nur wenigstens achtzehn gelehrte Jesuiten beinahe
wörtlich und dem Sinn nach vollkommen den Grundsatz verteidigen, daß der Zweck die Mittel heilige, sondern ihrer
wenigstens ein halbes Hundert, wo nicht weit mehr, und
zwar mit Genehmigung ihrer Oberen, diesen Grundsatz in
Ansehung aller, auch der schwersten Verbrechen in die Praxis
einzuführen bestrebt waren und daß die Jesuiten auch heute
noch, wie Gury zeigt, mit Ausnahme des Mordes dieselben
Lehren aufrecht erhalten. Es ist zwar zu bemerken, daß
diese „Moralisten" die Verbrechen, die wir oben nannten,
und noch fernere, die uns zu weit führen würden, nicht
immer absolut erlauben, sondern sehr subtil in jedem einzelnen Falle die Gründe für und gegen die Gestaltung anführen und schließlich sich bald für und bald gegen dieselbe
aussprechen; allein da sie in jedem Falle auch Gründe für
die Erlaubnis anführen, so kann der Verbrecher nach dem
Grundsatze des Probabilismus dieselben stets als Ent-
schuldigungsgrund gebrauchen!

Uns ist psychologisch anfaßbar, daß die Ultramontanen
sich nicht schämen, eine solche Gesellschaft mit der ehrwürdigen
katholischen Kirche solidarisch zu erklären und durch dick und
dünn zu verteidigen. Wahrlich, es ist weit wichtiger, daß
eine solche Gesellschaft aus civilisierten Staaten fern gehalten,
als daß ihr zulieb die absolute Vereinsfreiheit, von der man
doch gegenüber Sozialisten und Anarchisten auch Ausnahmen
macht, aufrecht gehalten werde! Die frechste Behauptung,
die man sich denken kann, ist aber die, daß die Jesuiten
Nachfolger Jesu seien. Jesus verurteilte ganz klar und einfach alle Verbrechen ohne Ausnahme; die Jesuiten dagegen
beginnen zwar stets damit, ein Verbrechen „im Allgemeinen
und an sich" zu verbieten, gestatten dann aber hintendrein

so viele Ausnahmen, Hinterthüren, Umwege und Schleich-
wege, daß sich ihre Moral als die nackteste Heuchelei kenn-
zeichnet! Übrigens haben die Päpste Alexander VII. (1665
und 66) 45, Innocenz XI. durch Detret vom 2. März
1679 nicht weniger als 65 und endlich Alexander VIII.
1690 noch 33 Lehrsätze der Jesuitenmoral verworfen und
verdammt, was aber die späteren und auch noch die heutigen
Jesuiten nicht verhindert, bei den meisten derselben zu ver-
harren. —

Wenn nun, allen diesen Thatsachen zum Trotz, der aus
dem Jesuitenorden ausgetretene Graf Paul von Hoensbroech in seiner diesen Austritt begründenden Schrift
(3. Aufl., Berlin 1893, S. 10) sagt: Die Moral der Jesuiten sei eine solche von tabelloser Lauterkeit, so begeht er
damit eine Vermengung der Moral, die der Orden lehrt,
mit derjenigen, welche seine Glieder üben. Gegen die
letztere schreiben wir nicht, weil wir keine Anhaltspunkte
über sie haben, und wollen daher nicht bezweifeln, daß die
meisten Jesuiten tugendhaft leben. Wir halten es aber für
unverantwortlich und schädlich, wenn der Orden trotzdem bis
auf den heutigen Tag an dem alle Moral untergraben-
den Probabilismus festhält. Es ist absolut unehrlich,
wenn dieselben Leute, die nach dem Grafen Hoensbroech,
im Herzen voll tabelloser Lauterkeit sind, — zugleich als
„spitzfindige Köpfe" das Laster in seinen abstoßendsten
Formen entschuldigen, ja sogar gestatten! Zwischen „Kopf"
und „Herz" darf es keinen Widerspruch geben!

VI. Die Politik der Jesuiten.

Die Jesuiten haben es zu allen Zeiten verschmäht, dem Staate und den Gesetzen zu gehorchen, soweit der erstere nicht ihnen gehorchte und die letzteren nicht nach ihrem Sinne waren. Die Jesuiten Ozorius und Greifer schrieben dem Papste das Recht zu, Kaiser und Könige ein- und abzusetzen und ihre Reiche aufzulösen. Unser Zeitgenosse Gury lehrt die nach seinem Buche „gebildeten" Geistlichen, und durch sie mittelbar die von ihnen geleiteten Gläubigen, denjenigen Gesetzen sich nicht zu unterwerfen, welche der kirchlichen Immunität oder den Gesetzen der Kirche entgegen sind, während er dagegen nicht nur den Katholiken, sondern allen Christen vorschreibt, den Kirchengesetzen zu gehorchen und letztere auch dann als verbindlich erklärt, wenn sie vom Staate nicht anerkannt werden. (Comp. Pars I, No. 91 ff.) Noch 1871 und 1872 nannte die Civiltà cattolica den Papst den obersten Richter und Gesetzgeber der Christenheit, und der Jesuit Tarquini leitete aus dieser Würde — und nicht aus Verträgen — die Konkordate ab. — Es ist klar, daß ein geordneter Staat solche Ansichten nicht dulden darf, weil er mit ihnen nicht bestehen kann.

In der Zollgesetzgebnug halten es die Jesuiten durchaus mit den Schmugglern. Gury u. a. lassen es unentschieden, ob das Treiben dieser „dunkeln Ehrenmänner" Sünde sei oder nicht und entbinden sie von jeder Pflicht des Ersatzes an den betrogenen Staat; ja sie gestatten sogar, eigentliche Steuern oder Abgaben, die man dem Staate vorenthalten hat, statt diesem zu geben, zu frommen Zwecken zu verwenden! Sehr nachsichtig ist Gury auch gegen unberechtigtes Jagen und Fischen, gegen bestechliche Richter und Gerichtsdiener und betrügerische Anwälte, sowie gegen Desertion und militärische Jubisciplin jeder Art, gestattet dagegen bereitwillig „bei noch nicht vollendetem Kampfe" die Tötung von Unschuldigen, wie Frauen, Greife, Reisende, Geistliche, Ordensleute u. s. w., sofern sie mit den „Schuldigen" (so nennt er die Soldaten) vermischt sind, so daß ohne sie die übrige Schar der Feinde, welche ganz und gar vernichtet werden muß, nicht vernichtet werden könnte (Comp. pag. 193)!

Die Preßfreiheit verstehen die Jesuiten ganz anders als jeder heutige Staat. Gury versteht unter schlechten, also zu verbietenden Büchern lediglich „ketzerische", d. h. natürlich besonders solche, die den Jesuiten nicht gefallen. Er gestattet den Verlauf derselben nur an „gelehrte und verständige" Männer, um sie zu widerlegen. Wer Bücher von Ketzern liest oder hält, soll exkommuniziert werden; Gury versteht darunter aber auch kleine Schriften, sogar bloße Briefe von Ketzern, selbst wenn sie nichts von Ketzerei enthalten. Wer aber diese Schriften nur lesen hört, oder nur wenig liest, oder sie liest, um sie zu widerlegen oder den Oberen zu übergeben, ist straflos (Compend. Pars II, No. 982).

Dies alles ist aber harmlos im Vergleiche zu der Art, wie die Jesuiten die Ketzer, d. h. was sie darunter verstehen, behandelt wissen wollen. Der Jesuit Beccanus (Opera, Mainz 1649, tom I, pag. 353) unterwirft der

kirchlichen Gerichtsbarkeit auch die Personen, die sich von
der Kirche getrennt haben, verlangt gegen die „Ketzer" die
große Exkommunikation, den Verlust aller Ehren, der sogar
auf ihre Kinder und Neffen ausgedehnt werden soll, die
Konfiskation sämtlicher Güter, den Verlust des Erbrechtes,
der väterlichen Gewalt u. s. w., und erklärt den Staat
pflichtig, „im Auftrage der Kirche" beharrliche Ketzer mit
dem Tode zu bestrafen. Ja noch in unseren Tagen (1872)
behauptete das Jesuitenorgan „civiltà cattolica", die katholische Kirche habe das Recht, sogar Protestanten und
griechische Katholiken mit den schwersten körperlichen Strafen
(also auch mit dem Scheiterhaufen!) zu belegen. Natürlich
verdammen daher die Jesuiten (besonders der genannte
Beccanus a. a. O. pag. 362, und Paul Laymann Theol.
mor. Würzb. 1748, t. I, pag. 268) die Religionsfreiheit
mit den schärfsten Worten und nennen sie staatsgefährlich.
Die Jesuiten dulden heißt also: die Religionsfreiheit ächten!

Noch ebenso feindlich stehen aber auch in unserer
Zeit die Jesuiten der Gewissensfreiheit gegenüber. Ihr
Organ, die Civiltà cattolica, drückte seine Freude darüber
aus, daß die Encyklika und der Syllabus Pius des IX.
vom 8. Dez. 1804 „die ganze jetzige Weltanschauung von
den Rechten des Gewissens und des religiösen Glaubens
und Bekenntnisses" verdammen, und fuhr fort: „Es ist eine
arge Verirrung, Protestanten zu gleichen politischen Rechten
mit den Katholiken zuzulassen oder protestantischen Ein-
wanderern die freie Ausübung des Gottesdienstes zu gestalten." Dasselbe Blatt nannte 1869 die Gewissens- und
Kultusfreiheit „Wahnsinn und Verderben". Der Jesuit
Liberatore nannte sie 1871 „eine reine Tollheit". Ja,
der Jesuit Brunengo ging 1891 so weit, die Inquisition
zu lobpreisen und entgegen den sonstigen Behauptungen der
Ultramontanen, ihren kirchlichen Ursprung und Charakter
und das Recht der Kirche, sogar weltliche Strafen zu ver-

hängen, zu verteidigen! Denselben Grundsatz verfochten 1869 die Jesuiten Gerhard Schneemann und Clemens Schraber. Bekannt ist, daß der berühmte Jesuitenprediger Pater Roh die Toleranz mit den unflätigsten Beschimpfungen überhäuft hat! — An ihren Früchten soll man sie erkennen!

Wie sich die Jesuiten zur staatlichen Schule verhalten, weiß man schon aus dem Auftreten der ihnen ergebenen Partei. Gury sagt aber ausdrücklich, daß es für Katholiken eine schwere Sünde sei, ihre Kinder in nichtkatholische oder gottlose Schulen zu schicken, oder sie nichtkatholischen oder gottlosen oder sittlich verdorbenen Lehrern zu überlassen. Als Taufpathen schließt Gury „Ketzer" und Leute von schlechten Sitten und üblem Ruf in einem Atem aus. Seine Meinung von den gemischten Ehen ist die der Ultramontanen überhaupt und wie die meisten Ansichten dieser Partei mit dem konfessionellen Frieden in einem paritätischen Staate unverträglich.

Die Jesuiten haben aber niemals danach gefragt, ob ihre Lehren mit der Staatsordnung vereinbar seien, sondern stets gegen jede Regierung gearbeitet, die sich ihnen nicht blindlings ergab. Darum haben auch sämtliche Jesuiten, welche über Politik schrieben, die Frage, ob man einen Tyrannen töten dürfe, bejaht. Dabei ist aber wohl zu bemerken, daß sie unter einem Tyrannen niemals einen solchen verstehen, der zum Vorteile ihres Ordens regiert, und wäre er noch so blutig und grausam, träte auch noch so keck die Gerechtigkeit in den Staub, — sondern stets nur einen solchen, welcher nicht nach dem Willen der Kirche oder speziell der Jesuiten lebt, also einen aufgeklärten Monarchen, wäre auch seine Regierung noch so mild. Der Jesuit Rainolb erklärte ausdrücklich die „ketzerischen" Fürsten für die ärgsten Tyrannen. Der Jesuit Mariana sagte darüber: „wir untersuchen nicht, was die Menschen thun, sondern was die Gesetze der Natur erlauben, und nach diesen ist es völlig gleich, ob du mit dem Dolche oder mit Gift mordest" (de rege et regis institutione, cap. 4). Der Bischof Bouvier von Mans, den Gury als Autorität anzurufen liebt, sagt: „Die Unterthanen müssen den Usurpator (d. h. jesuitenfeindlichen Fürsten) bekämpfen, besiegen, verjagen, ja, wie einen öffentlichen Missethäter ermorden, sobald der legitime (d. h. jesuitenfreundliche Fürst) es verlangt (Bouvier, institut. philos. ad usum colleg. et seminar., Paris 1841, tom III, pag. 628). Den Königsmord verteibigten ferner die Jesuiten Rosseus, Delrio, Bellarmin, Salmeron, Valencia, Azor, Sotus, Busembaum, Suarez, Lessius, Toleto, Tanner, Escobar, Molina, Lugo u. m. A. Es ist daher eine Lüge, wenn behauptet wird, Mariana sei der Einzige gewesen, der dies that. Der Letztere frohlockte über die Ermordung des freilich elenden Heinrich III. von Frankreich und nannte seinen Mörder Clement „die ewige Zierde Galliens" (de rege l 6). Aber Mariana lebte in Spanien unter Philipp II.! Warum führte er an biesem Tyrannen seine Theorien nicht aus? Nach der Ermordung Heinrichs IV. erließ der Jesuitengeneral Aquaviva zwar ein Edikt gegen den Königsmord, beschränkte sich aber barauf, zu sagen: nicht Jedem (!) sei es erlaubt, Könige zu ermorden. Dies hatte denn auch so wenig zu bedeuten, daß ein guter Teil der genannten Jesuiten der Zeit nach jenem Edikte angehört. Erst in neuester Zeit hat der Jesuit Gury ben Fürstenmord verworfen.

Im Mittelalter hatten die Tempelritter den Plan gefaßt, die Gewalt der Fürsten zu vernichten und die Welt durch eine Aristokratie ihres Ordens zu beherrschen. Dem fortgeschrittenen Zeitbewußtsein gemäß versuchen es die Jesuiten mit der Demokratie, und demgemäß sind noch heute in Deutschland und der Schweiz die Ultramontanen und Demokraten politische Bundesgenossen!

Es war ein bewundernswerter, richtiger Blick, der die

Jesuiten bereits längst vor der französischen Revolution
veranlaßte, sich auf das Volk zu stützen und dessen Sou-
veränität zu lehren. Der Jesuit Bellarmin sagte mit
Recht, die Art der politischen Macht, ob Monarchie, Aristokratie oder Demokratie, folge notwendig aus der Natur des
Menschen; die politische Macht selbst aber ruhe auf der
gesamten Menge; denn es gebe von Natur keinen Vorzug
der einen Menschen vor den anderen; die Gewalt der
Gesamtheit sei also göttlichen Rechtes. Der Jesuit Mariana
baute hierauf weiter die Ausführung, daß es an dem Volke
sei, die Regierung zu bestellen und die erbliche Monarchie
daher zu verwerfen, weil sie die Persönlichkeit des Herrschers
dem Zufall überlasse. Ein Monarch dürfe demgemäß, wenn
er seine Macht mißbrauche, vom Volke abgesetzt und mit
dem Tode bestraft werden. Man sieht, die englischen
Revolutionäre von 1649 und die französischen von 1793
waren gelehrige Schüler der Jesuiten in politischer Beziehung. Aber es ist den Ordensvätern mit der Verteidigung
der Volkssouveränität keineswegs um das Wohl des Volkes,
sondern nur darum zu thun, die Völker zur Erreichung
ihrer Zwecke gegen die Fürsten zu benutzen, um dann an
der Stelle der Letzteren die Ersteren zu regieren. Wollten
die Templer ein aristokratisches Ordensreich, so wollen die
Jesuiten ein demokratisches unter päpstlicher und katholischer
Firma errichten, dessen wirkliche Regierung aber in ihren
eigenen Händen liegen soll. Und dies ist klug berechnet;
denn noch keine Macht hat die Völker so gut zu bändigen
und zu gängeln, ihre Sinnlichkeit zu wecken und ihre
Verstandesthätigkeit einzuschläfern gewußt, wie die römisch-
katholische Kirche, seitdem sie leider unter jesuitischem Ein-
flusse steht.

Der Jesuitismus unterdrückt, wie Graf Hoensbroech
(S. 38 ff.) zeigt, ja vernichtet bis zu einem gewissen
Grade das berechtigte Nationalgefühl, den berechtigten

Patriotismus. „Von seinem Eintritt, sagt er, bis zu seinem Lebensende wird dem Jesuiten eingeprägt, daß er für die Welt und nicht für diese oder jene Nation da ist; praktisch wird ihm das begreiflich gemacht durch die Verschickung in die verschiedensten Länder." „Das sind die Gründe (schließt der Genannte), die mich zum Austritt aus dem Jesuitenorden bestimmt haben. Eines bedaure ich, ihren Einfluß nicht früher auf mich haben wirken zu lassen."

VII. Die Religion der Jesuiten.

ie Moralisten des Jesuitenordens leiten in ihren Lehren nicht nur zur Verletzung aller Moral, sondern sogar der Kirchengebote an, die sie doch nach dem ausgesprochenen Zwecke ihrer Gesellschaft schützen sollten. Sowohl von der Heiligung der Sonn- und Festtage, als von der Verrichtung der christlichen Andachtsübungen und von der Befolgung der Fastengebote gestatten sie so viele Ausnahmen, daß diese Vorschriften in Wirklichkeit für sie gar nicht vorhanden sind! Escobar, Busembaum, Laymann, Tamburini u. a. lehren, daß es nicht nötig sei, der gesamten Messe beizuwohnen, es genüge, einen Teil davon zu hören; es sei erlaubt, während der Messe zu plaudern, wenn man den Altar nicht aus dem Auge verliere; auch die Zerstreutheit während der heiligen Handlung genüge, wenn das Betragen im übrigen anständig sei, auch verfehle man den Zweck der Messe nicht, wenn man unter derselben schöne Frauen anblicke oder gar verbrecherische Absichten hege. Baunty und Sanchez gestatten dem Priester, an demselben Tage, an welchem er eine Todsünde begangen, die Messe zu lesen. Gury gestattet ihm, mit einem Laien um den Ertrag von

Messen zu spielen oder seine Gläubiger damit zu bezahlen,
daß er Messen für sie lese (Comp. pag. 142)! Die Messe
wird also durch die Jesuiten zu einer gewöhnlichen Ware
oder zu Geldwert erniedrigt! In der Beichte lassen die Jesuiten zweideutige Ausdrücke und Mental-Reservationen (Vorbehalte in Gedanken), ja sogar geradezu Lügen zu, sowie die
Verschweigung einer Sünde, sofern dieselbe in einer Generalbeichte inbegriffen sei, die Annahme eines zweiten Beichtvaters,
um bei dem ersten in gutem Rufe zu bleiben, u. s. w.

Selbst die Unfehlbarkeit des Papstes existiert für
die Jesuiten nur in den Schranken ihrer Probabilitätstheorie,
und gilt nur, je nachdem die Aussprüche des heiligen Vaters
ausgelegt und verstanden werden. Verweigert z. B.
der Papst den Banditen das Asylrecht, so gilt dies nicht,
sofern der Mord nicht um Geld, sondern aus — Gefällig-
keit (!) stattfand, und das kirchliche Asyl genießen auch
jene, welche neben der Kirche ein Verbrechen begingen, um
gleich darauf vom Asyle Gebrauch machen zu können.

Vom Eide haben manche Jesuiten auch eigentümliche
Begriffe. Escobar, Busembaum, Carbenas, Sanchez, Suarez,
Laymann u. a. lehren, daß ein „nur äußerlich, ohne die
Absicht (!) zu schwören, geleisteter Eid" nicht gehalten zu
werden brauche (Escob., t. IV, pag. 106 ff.). Damit kann
natürlich in der Praxis jeder Meineid entschuldigt werden.
Die genannten „Väter" erlauben auch jede Zweideutigkeit beim
Eide, worin sich besonders Castro-Palao, Sanchez, Navarra
und Hurtado auszeichnen. Gury drückt sich zwar vorsich-
tiger aus, lehrt aber im wesentlichen dasselbe (Comp. p. 151).

Es ist klar, daß mit solchen Grundsätzen ein Glaube
aus Überzeugung unvereinbar, und es ist mit Sicher-
heit anzunehmen, daß die Oberen der Jesuiten vollständig
glaubenslos sind und die katholische Kirche nur benützen,
weil sie vermöge ihrer großen Ausbreitung eine Macht dar-
stellt, die ihnen zur Erreichung ihrer Zwecke bequem ist,

worin sie stark an die Templer erinnern. Daher heucheln
sie Gehorsam dem Papste, während derselbe vielmehr ihr
Werkzeug ist, heucheln Haß gegen die Ketzerei, weil sich,
falls sie mit letzterer offen einig gingen, die Katholiken
von ihnen nicht mehr hinter das Licht führen ließen. Die
Jesuiten sind mithin nicht nur Feinde der Aufklärung,
welche letztere nur dann wahr sein kann, wenn sie mit
einer gesunden und aufrichtigen Moral verbunden ist und
offen bekennt, was sie will und warum sie es will, —
sondern sie sind auch Feinde der katholischen Kirche,
weil letztere ohne Moralität nicht bestehen kann. Wenn
daher die Jesuiten ihren Zweck, mit Hilfe der katholischen
Kirche zu großer Macht zu gelangen, erreichen und die
Leitung genannter Kirche völlig an sich reißen sollten, nach
welchem Erfolge sie dann keine Ursache mehr hätten, mit
ihren wahren Ansichten hinter dem Berge zu halten, so
wäre es mit dem katholischen Glauben zuversichtlich vorbei,
und zwar nur zum Vorteile der Heuchelei und einer allgemeinen Demoralisation.

Die Zwecke des Jesuitenordens sind daher rein egoistische, sie bestehen nur im Vorteile des Ordens, in seiner
Macht und seinem Reichtum; weder die Menschheit noch die
Kirche kann durch ihn beglückt werden, weil die Durchführung
seiner Grundsätze die Auflösung beider herbeiführen müßte.

Wie die Jesuiten die christliche Haupttugend, die
Demut verletzen, zeigt die unter ihnen herrschende Meinung, daß kein Jesuit verdammt werde, sondern alle
Ordensmitglieder in den Himmel kommen. Noch im Jahre
1874 veröffentlichte der französische Jesuit Jacques Terrien
eine Schrift, in welcher er gleich zu Anfang sagte: „Es ist
eine Überlieferung, welche bis in die ersten Zeiten der Gesellschaft hinaufreicht und unter uns treu bewahrt worden
ist, daß das Beharren in unserm Berufe ein sicheres Unter-
pfand des Heiles ist und daß es genügt, als ein Kind des

heil. Ignatius zu sterben, um vor dem Richterstuhle Gottes
Gnade zu finden." Nach dieser Überlieferung soll jene
tröstliche Verheißung dem Jesuitengeneral Franz Borgia
und anderen Gliedern oder Verehrern des Ordens offenbart
worden sein (das Nähere s. Döllinger und Reusch, Gesch.
der Moralstreitigkeiten in der röm.-kathol. Kirche u. s. w.
I. 524 ff., II. 347 ff.).

Wie eine eigene Seligkeit, so haben die Jesuiten auch
einen eigenen Kultus. In diesem ist von Gott fast
gar keine, von Christus wenig die Rede. Der Kultus der
Jesuiten und der von ihnen beeinflußten Kreise richtet sich
an Maria, welche in allem die erste Rolle spielt, an Petrus
und an das von dem Erlöser selbst durchaus unterschiedene
Herz Jesu. Unter dem letztern versteht man nun nicht
etwa im geistigen Sinne die Seele oder die Liebe Jesu,
sondern geradezu das körperliche, fleischliche Herz, das im
siebenzehnten Jahrhundert der excentrischen Nonne Mar-
garetha Alacoque erschienen sein soll und seinen eigenen
Wallfahrtsort zu Paray le Monial in Frankreich hat.
Mit der Zeit sind ihm auch das Herz Maria's und
das des heil. Joseph an die Seite getreten, und es giebt
jetzt besondere Gebete zu den drei heiligen Herzen. Noch
später ist der Kultus der heiligen Anna dazu gekommen.
Wir sind weit entfernt, frommen Glauben des Volkes
nicht zu achten; allein hier handelt es sich nicht um diesen,
sondern um einen von den Jesuiten zu Zwecken ihrer
Herrschsucht erdachten modernen Götzendienst. Das Volk
war Jahrhunderte lang fromm, ehe jene Neuerungen erschienen, und wird durch sie nicht frömmer, sondern
nur verwirrt und von der Hauptsache in der Religion
abgelenkt. Die sich die „Magd des Herrn" nannte, wird
zu einer Göttin gemacht, und in ganz überflüssiger und
sinnloser Weise wird das „Herz" heiliger Personen von
seinen Trägern getrennt und zu einer Idolatrie benutzt,

die komisch wäre, wenn man sie nicht vielmehr traurig nennen müßte. Die Sache erhält aber ihre abstoßende Spitze erst dadurch, daß das „sacré coeur" in Frankreich der Revanche dient und zum Kampfe gegen Deutschland angerufen wird! In Paris und in Innsbruck erscheinen besondere Zeitschriften zu Ehren des „heiligen Herzens." Die sog. Mai-Andachten sind auch eine Erfindung der Jesuiten und arten in eine förmliche Abgötterei Maria's aus.

Ein ausgetretener Jesuit schreibt über den jesuitischen Kultus: „Die Jesuiten haben im allgemeinen die Erhabenheit und Würde des katholischen Kultus arg geschädigt: die pompöse und meist unsinnige Ausstaffierung ihrer Kirchen und ihres Gottesdienstes macht auf jeden unbefangenen Zuschauer den Eindruck dummstolzer Ziererei und selbstgefälliger Koketterie; das ist's auch im Grunde. Sie wollen es nur allen Anderen zuvorthun, Alles in ihre Kirchen locken und fesseln und dabei den Ruhm des glänzendsten Gottesdienstes haben . . . dadurch wird freilich nicht so sehr Gott, als ihnen selbst gedient . . . . Die Musik in den Jesuitenkirchen ist das Trivialste und Abgeschmackteste, was es geben kann und der grellste Gegensatz zum Ernst und zu der Würde allkirchlichen Gesanges. Papst Gregor und Maëstro Palestrina würden sich die Haare ausraufen über den himmelschreienden Unfug . . . . . ."

In ihren religiösen Übungen dulden die Jesuiten, wie Graf Hoensbroech (S. 20 ff.) zeigt, nur spezifisch jesuitische Frömmigkeit. „Der Novize bekommt nur von Jesuiten geschriebene Andachtsbücher in die Hände; nur Heiligenleben aus dem Jesuitenorden darf er lesen. . . . Aus jesuitischer Denk- und Schreibart klingt. . . . das bekannte Wort: Ich danke dir, o Herr, daß ich nicht bin wie die übrigen Menschen! . . . Die Frömmigkeits-Auffassung eines Individuums, des Ignatius von Loyola, soll allen Gliedern seines Ordens auf- und eingeprägt werden."

VIII. Die Erziehung und Wissenschaft der Jesuiten.

Ebenso wenig wie die Ziele der jesuitischen Politik das Volkswohl und die der jesuitischen Religion einen gesunden Glauben, bezwecken diejenigen der jesuitischen Erziehung den Ruhm der Wissenschaft. Auch die Lehranstalten des Ordens dienen allein der Vergrößerung seiner Macht und seines Einflusses. Die erste bedeutende derselben war das 1551 gegründete Collegium Romanum. Ihm ließ im nächsten Jahre Papst Julius III. auf Loyolas Vor- schlag das Collegium Germanicum folgen, welches die Be- stimmung erhielt, Kämpfer gegen den Protestantismus in Teutschland heranzubilden. Einer jesuitischen Idee entsprang der Beschluß des Konzils von Trient, daß nach dem Muster jener Anstalten in jeder Diöcese ein Knabenseminar, d. h. eine Ausbildungsanstalt für Kandidaten des katholischen Priesteramtes vom zartesten Knabenalter an bis zur Weihe errichtet werden solle.

Das Erziehungssystem der Jesuiten hatte bis auf die neueste Zeit die im Jahre 1588 verfaßte, 1599 durch den General Claudius von Aquaviva veröffentlichte, 1832 auf Anordnung des Generals Joh. Roothaan mit zeitgemäßen Abänderungen neu redigierte und 1887 von P. Pachtler neu herausgegebene Ratio studiorum et institutiones scholasticae societatis Jesu zur Grundlage. Nach dieser zerfällt eine jesuitische Lehranstalt in zwei Abteilungen: Studia superiora und Studia inferiora. Jede derselben hat einen Präfekten, beide zusammen einen Rektor. Die Studia inferiora haben wieder fünf Klassen: Rudiment, Grammatik, Syntax (jetzt untere, mittlere und obere Grammatik), Humanität und Rhetorik, jede mit 1 bis 2 Jahren Lerndauer, welche im ganzen einem Gymnasium entsprechen. Die Hauptsache im Lehrgange dieser Schule ist die Erlernung der lateinischen Sprache, aber nicht die Kenntnis ihrer Satzbildung, sondern die Übung derselben und die Geschicklichkeit zu reden und zu schreiben. Von der Syntaxklasse an dürfen Lehrer und Schüler nur lateinisch sprechen. Der Wahlspruch der Jesuitenschulen heißt daher: „lege, scribe, loquere.“ Man glaubt dies Ziel namentlich durch Überladung des Gedächtnisses der Schüler mit Redensarten zu erreichen, deren man Sammlungen über die verschiedensten Dinge anlegt. Unter die ersten Pflichten der Schüler gehört die, täglich den Rosenkranz zu beten; auch müssen sie monatlich beichten. Die Muttersprachen waren bis 1832 an den jesuitischen Anstalten streng verpönt und werden noch jetzt vernachlässigt. Früher war ihr Sprechen mit Strafen bedroht, die man nur los werden konnte, wenn man — einen Mitschüler verklagte, der sich des nämlichen Vergehens schuldig machte, wie denn auch jeder Jesuitenschüler von den Oberen einen Nebenbuhler (aemulus) erhält, mit dem er im Lernen wetteifern muß. Die alten Klassiker dienen einzig und allein zur Bildung des Stils, ohne Rücksicht auf den Geist derselben, daher auch Cicero als das höchste Ideal dieser Schulen verehrt wird. Aus Vergil flicken die Jesuitenschüler lateinische Gedichte zusammen und führen lateinische Dramen auf, doch nicht solche des Plautus und Terentius, sondern selbstgedichtete. Auch Griechisch wird gelernt, ja sogar mit dem Anspruche, diese

Sprache zu sprechen und in ihr Gedichte zu verfertigen. Die Jesuiten stellen die griechischen und lateinischen Werke der Kirchenväter denjenigen des klassischen Altertums gleich. Die übrigen Lehrgegenstände, außer den alten Sprachen, faßten die Jesuiten unter dem Titel „Erubition" zusammen, — ein Sammelsurium von allen möglichen, ohne Ordnung zusammengeworfenen Anekboten und Notizen aus den verschiedensten Wissenschaften. Einen naturwissenschaftlichen Unterricht kannten die Jesuitenschulen bis zum Jahre 1832 nicht, und ein solcher wird erst seitbem, aber auf religiöse Weise und keineswegs erschöpfend oder systematisch erteilt. Einen historischen Unterricht geben sie noch jetzt nur in einseitig kirchlicher Weise, nicht als selbständiges Fach.

Die Studia superiora bestehen aus einem zwei- oder breijährigen „philosophischen" und einem auf biesen folgenden vierjährigen theologischen Kursus. In der Philosophie hält man sich an Aristoteles, „soweit dieser nicht gegen die Kirchenlehre verstößt," und sucht namentlich die gegen ben „wahren Glauben" gerichteten philosophischen Systeme zu widerlegen. In der Wahl zwischen verschiebenen Meinungen muß stets die Theologie voranleuchten. In der Mathematik und Physik hielt man sich bis 1832 an Euklid, beschränkte sich aber barin auf das, „was die Schüler gerne hören." Jetzt allerdings wird das Fach in moderner Weise gelehrt. In der Theologie ist die Vulgata die Grundlage; bas Original und weitere Übersetzungen der Bibel fallen nur zu Zwecken der Vergleichung in Berücksichtigung. In ber Kirchengeschichte muß nachgewiesen werden, daß die Rechte ber Kirche und ihres Hauptes auf uraltem Herkommen beruhen. Die übrigen Teile der Theologie beruhen ganz auf Thomas von Aquino, bessen Ansicht entweder verteibigt ober die Frage übergangen werden soll.

Abgesehen nun bavon, baß schon die allzu häufigen Andachtsübungen und Exerzitien der Jesuiten die wissenschaftliche Thätigkeit notwendig beeinträchtigen müssen, kann von einer Freiheit und Unabhängigkeit der letztern schon darum keine Rede sein, weil der ganze Studienplan, gleich den Exerzitien, darauf berechnet ist, aus den Schülern blind-gehorsame und ergebene Werkzeuge des Ordens, auf alles eigene Denken und Urteilen von vorn herein verzichtende Maschinen zu bilden. Die sämtlichen Lehrfächer sind in den Fesseln der mittelalterlichen Scholastik befangen, und die ganze Bewegung des Humanismus wird als nicht dagewesen betrachtet. Alles ist nur eine mechanische Abrichtung; in den Geist des römischen Altertums (vom griechischen ganz zu schweigen) wird nicht eingedrungen und dessen Träger, die Klassiker, den Schülern nur durch sogenannte kastrierte Ausgaben bekannt gemacht, aus denen Alles entfernt ist, was dem jesuitischen Zwecke irgendwie schaden könnte. Da-gegen wird durch Anstandslehre, Tanzstunden, allerlei kör-perliche Übungen und theatralische Vorstellungen das Pub-likum geblendet und ihm glauben gemacht, der Unterricht sei ein aufgeklärter, während diese Fertigkeiten bloß dazu dienen, den Jesuiten unter Umständen auch die Rolle eines Weltmannes spielen zu lassen, da er alle möglichen Masken vornehmen muß, je nachdem die Zwecke des Ordens es ver-langen. Damit übrigens die Schüler der Jesuiten sich daran gewöhnen, ganz dem Orden und dem Orden allein anzuge-hören, wird die Liebe zu den Eltern und Verwandten syste-matisch in ihnen ertötet. Ihr Glaubenseifer wurde ferner in früheren, dunkleren Zeiten dadurch angefeuert, daß es ihnen erlaubt war, Hinrichtungen von Ketzern beizuwohnen, — anderen nicht. „Nach siebenjährigem Studium, sagt Graf Hoensbroech (S. 33 f.), beschließt der junge Jesuit seine Ausbildung, ausgerüstet mit aller philosophisch-theologischen Spitzfindigkeit vergangener Jahrhunderte, den Kopf erfüllt mit den Namen längst toter Systeme und ohne Einfluß gebliebener Gelehrten des Mittelalters, aber in fast völliger

Unwissenheit über die Geisteskämpfe der Gegenwart, über
die aktuellen wissenschaftlichen Richtungen, die er zum großen
Teil weder in ihren Trägern, noch in ihren Produkten
auch nur dem Namen nach kennt. ... Will der studirende
Jesuit etwas lesen, so steht ihm nicht, auch wenn er ein
gereifter Mann ist, die Bibliothek zur freien Verfügung,
sondern er hat sich an seine Oberen zu wenden, und
nach ihrem Gutdünken wird sein Wunsch erfüllt oder nicht.
Daß dabei sehr oft eine engherzige Auffassung waltet, liegt
auf der Hand."

Den Schulen der Jesuiten entsprechen auch ihre wissenschaftlichen Leistungen. Wie in jenen, so nehmen sie
auch in diesen eine ganz eigentümliche, von der fortschreiten-
den Kulturentwickelung der Menschheit völlig abgeschiedene
und getrennte Stellung ein. Daher können sie auch nicht
zugeben, daß Jesuiten von Anderen als von Ordensgenossen
unterrichtet und über Erwerbung von Kenntnissen geprüft
werden. So erwirkten sie schon 1552 vom Papste Julius III.
das Vorrecht, gleich den Universitäten, ihren Schülern die
Grade eines Baccalaureus, Magisters, Licentiaten und Dok-
tors zu erteilen, was Pius IV. 1561 bestätigte. Und doch
waren die Anstalten der Jesuiten, auch wenn sie Universitäten
hießen, niemals vollständige Hochschulen; sie enthielten bloß
die Fakultäten der Theologie und der „freien Künste" (jetzt
als die der „Philosophie" bezeichnet).

Sehen wir nun, welche Leistungen die durch jesuitische
Schulen gebildete und genährte Litteratur des Ordens aufzuweisen hat.

In der Kirchengeschichte gilt für die Jesuiten Cäsar
Baronius aus Campanien (geb. 1538, gest. 1607) der
zwar nicht Mitglied des Ordens, aber durchaus ein Gesinnungs-
genosse desselben war, als Autorität; denn in dem Riesen-
werke seiner Annales ecclesiastici ist dieser Wissenszweig
so dargestellt, daß alles zu Gunsten der römischen Kirche

spricht, auch auf Koſten der Wahrheit. Der Jeſuit Robert Bellarmin (geb. 1542 in Toscana, geſt. 1621) predigte in ſeinem Hauptwerke de controversiis fidei unbedingten blinden Gehorſam gegen den Papſt und ſtellte in dieſem Sinne die Geſchichte vollkommen falſch dar.

Wie Döllinger („Das Papſttum, neu bearbeitet von J. Friedrich, München 1892) nachweiſt, haben die Jeſuiten zu allen Zeiten die Fälſchungen der Kirchengeſchichte verleibigt und dieſe ſelbſt gefälſcht. So behaupteten Suarez, Gretſer, Poſſevin, Valencia und Turrianus die Echtheit der in 9. Jahrhundert erfundenen pſeudo-iſidoriſchen Detretalen, einer gefälſchten Sammlung päpſtlicher Detrete, welche die Oberhoheit des Papſtes über alle Reiche erweiſen ſollen. Der ſpaniſche Jeſuit Roman de la Higuera fälſchte Chroniken und Reliquien, um die Geltung der päpſtlichen Unfehlbarkeit und der unbefleckten Empfängnis Marias von alters her zu beweiſen. Bellarmin, Delrio und Hallolx verteidigten die Pſeudo-Dionyſius-Schriften; Caniſius erdichtete Briefe der Jungfrau Maria u. ſ. w.

In der Geſchichte ihres eigenen Ordens thaten ſich hervor: Petrus Scarga (Italiener, † 1612) mit ſeiner Geſchichte der Heiligen, Seligen und Martyrer der Geſellſchaft Jeſu, Orlandino und Sachino mit der Geſchichte des Jeſuitenordens (1615 und 1621 zu Köln gedruckt), Ribadeneira, der Verfaſſer einer Schrift gegen Macchiavelli (de bono principe), mit der Aufzählung der berühmten jeſuitiſchen Schriftſteller, Joh. Tollenarius u. a. mit der Prachtausgabe „Imago primi seculi societatis Jesu" u. ſ. w. Gegen die Jeſuiten ſchrieben Mitglieder der älteren Mönchsorden das Theatrum Jesuiticum (Coimbra 1654), worin ſie die Bedrückungen erzählten, welche ſich die Jeſuiten gegen die älteren Orden erlaubten.

Was die übrige Weltgeſchichte betrifft, ſo erſehen wir

schon aus Baronius und Bellarmin, wie es die Jesuiten
mit der Wahrheit halten. Dazu stimmt auch, daß sich nicht
weniger als neun Jesuiten im siebenzehnten und im Anfange
des achtzehnten Jahrhunderts dazu hergaben, die Echtheit
eines Briefes zu beweisen, welchen nach der Legende die
Jungfrau Maria an die Gemeinde zu Messina geschrieben
habe, dessen Sprache griechisch (!) ist, und dem zu Ehren
noch jetzt jährlich am 3. Juni ein Fest in Messina gefeiert
und zahlreiche dortige Kinder „Lettera“ getauft werden.
Der größte jesuitische Geschichtschreiber ist der Spanier Juan
de Mariana (geb. 1536 zu Talavera), welcher die spanische
Geschichte in dreißig Büchern, in gewandtem Stile, doch
ohne alle Kritik schrieb (sie erschien zuerst 1601—1605 in
Mainz, und beginnt mit Kains Nachkommen Tubal, von
dem die Spanier abgeleitet werden!). Seine schon erwähnte
Abhandlung de rege et regis institutione wurde auf Anordnung des Parlaments von Paris durch den Henker verbrannt; weil aber dies die Franzosen gegen die Jesuiten
erbitterte, verleugneten ihn seine Ordensbrüder, und die
Inquisition setzte ihn, 73 Jahre alt, wegen theologischer
Schriften gefangen, brachte diese auf den Index und be-
handelte ihn um so härter, weil man unter seinen Papieren
ein spanisches Werk über „die Gebrechen der Gesellschaft
Jesu“ gefunden hatte. Er starb 1623, im 87sten Jahre.
Famian Straba († 1649 in Rom) schrieb die Geschichte
des niederländischen Krieges in spanischem Sinne, welche
Kaspar Schoppe, ein Gegner der Jesuiten, widerlegte.

Ebensowenig Kritik wie die Geschichtforscher bewiesen
die Sprachforscher des Ordens. Franz Turrianus gab ein
arianisches Machwerk des vierten oder fünften Jahrhunderts,
welches den Titel „Apostolische Konstitution des Papstes
Clemens I.“ führt, und welches er für echt hielt, 1563 mit
Gepränge griechisch und lateinisch, die französischen Jesuiten
Sirmond und Fronton in der ersten Hälfte des sieben-

zehnten Jahrhunderts gaben die Kirchenväter heraus, aber reich an Fehlern und arm an kritischem Blicke.

Die größte Anzahl der jesuitischen Schriftsteller sind Theologen, von denen aber die älteren, mit Ausnahme dessen, was ein Teil von ihnen, wie schon erwähnt, über Moral und Politik geschrieben, für unsere Zeit keine Bedeutung mehr haben, und sogar die neuesten auch wenn sie so bedeutende Werke schaffen, wie P. Franzelius Theologia dogmatica (6 Bände), der Richtung nach in das Mittelalter gehören. — Ferner hat der Jesuitenorden eine Anzahl Schriftsteller über die Geographie und die Sprache der Länder, in welchen die Jesuiten Missionen besaßen, einige Mathematiker und Naturforscher, unter welchen Athanasius Kircher im 17. Jahrhundert mehrere für seine Zeit bedeutende technische Erfindungen machte, und einige vergessene scholastische Philosophen hervorgebracht. In neuester Zeit besaß der Orden einen sehr gelehrten Historiker in Damberger, welcher für sein großes Werk auf Unterstützung von Seite der Gesellschaft hoffte, dessen Manuskripte aber die Jesuiten nach seinem Tode — verkauften, statt sie auszuarbeiten. Pater Angelo Secchi in Rom hat sich als Astronom einen großen Namen erworben, ist aber in seinen Bestrebungen völlig vereinzelt geblieben. Auf den Gebieten der Kunst, der Ästhetik und der Litteraturgeschichte, sowie der kritischen Welt- und Kulturgeschichte haben die Jesuiten zwar in der von ihren holländischen Niederlassungen aus geleiteten Zeitschrift „Stimmen aus Maria Laach" (Freiburg im Br.) eine Anzahl geistreicher und eleganter Schriftsteller aufzuweisen, wie die Paters Al. Baumgartner, F. Ehrle, J. Epping, F. v. Hummelauer, Jos. Knabenbauer, T. Pesch, F. Rieß, G. Schneemann, Jos. Spillmann u. m. A. Aber die Arbeiten dieser Herren zeigen nur, daß die Jesuiten nach wie vor daran arbeiten, die Welt zum Katholizismus nach päpstlicher Auffassung zurückzuführen, und alles dieser Rich-

tung nicht angehörende möglichst schlecht zu machen und zu
vernichten suchen. Für nicht durchaus in der Wolle ultra-
montan gefärbte Leute sind alle diese Aufsätze schlechterdings
ungenießbar; es ist keine Wissenschaft, die hier spricht, sondern bloß Tendenz und Propaganda! Der nämlichen Tendenz huldigen auch die fremden jesuitischen Zeitschriften, die
Civiltà cattolica in Italien, die Etudes réligieuses in
Frankreich, der Month in England. In sämtlichen handelt
es sich hinter allem Prunk und Flitter nur um die Katholi-
sierung und Romanisierung aller Welt zur leichtern Beherr-
schung durch die Jesuiten. Eine solche Tendenz aber ist
weder mit der Würde der Wissenschaft, noch mit der Ruhe
paritätischer Staaten irgendwie vereinbar, und in rein
katholischen Ländern müßte sie zur Inquisition zurückführen,
wenn die Regierungen sie anerkennen würden.

Was die Jesuiten unter Logik verstehen, hat im Jahre
1866 Pater Clemens Schrader durch sein Buch „der
Papst und die modernen Ideen" bewiesen. In demselben
verleibigte er namentlich die Encyklika und den Syllabus
von 1864, indem er sich zugleich die Mühe gab, die durch
den Syllabus verurteilten Sätze, welche bekanntlich nur
Phantasie-Sätze sind, wie die Kurie sich vorstellte, daß sie
etwa in liberalen Schriften vorkommen könnten und die
daher das Gegenteil der päpstlichen Ansicht darstellen, dadurch
dem ultramontanen Publikum deutlicher zu machen, daß er
ihnen sogenannte „Gegensätze" an die Seite stellte, welche
die päpstliche Ansicht selbst ausdrücken sollen. Diese
„Gegensätze" sind aber so ängstlich an den Wortlaut der
verworfenen Sätze angelehnt, daß durch die bloße Ein-
schiebung des Wortes „nicht" u. s. w. meist ein ziemlich
lächerlicher Eindruck hervorgebracht wird.

Wir führen als Beispiel den 34. verworfenen Satz an,
welcher lautet: „Die Lehre, welche den römischen Papst
einem freien und in der ganzen Kirche seine Macht aus-

übenden Fürsten vergleicht, ist eine Lehre, die im Mittelalter vorherrschte. Mit der Verwerfung dieses vollkommen
wahren Satzes wollte Pius IX. offenbar sagen, daß diese
Lehre nicht nur im Mittelalter herrschte, sondern auch in
der Neuzeit herrschen solle. Pater Clemens Schraber aber
fügte einfach ein „nicht" ein und leugnete damit, ohne es
zu bemerken, die Lehre von der Souveränetät des Papstes
sogar in Bezug auf das Mittelalter!! Der Gegensatz zum
34. Satze lautet: „Zur Teilung der Kirche in die morgen-
ländische und abendländische haben nicht die übertriebenen
Gewaltstreiche der Päpste beigetragen," beschuldigt also die
Päpste in der Fassung, die ihre Ansicht vorstellen soll,
„übertriebener Gewaltstreiche." Ebenso gut ist der Gegensatz zum 76. Satze: „Die Abschaffung der weltlichen Herrschaft des apostolischen Stuhles würde zur Freiheit und zum
Glücke der Kirche nicht außerordentlich viel beitragen."
Nicht außerordentlich viel! Also doch ziemlich viel oder
wenigstens etwas! Ein einzelner Jesuit! wird man rufen.
Aber Clemens Schraber ist mehr als das; da er gewürdigt
wurde, in einem umfangreichen Buche die kirchlichen Thaten
Pius IX. zu verherrlichen, muß man ihn als offiziellen Vertreter des Jesuitenordens und des römischen Systems betrachten. Und solche „scharfsinnige Logiker" sollen die Männer
sein, vor deren „Gelehrsamkeit", wie ein ultramontanes Blatt
sagt, die Liberalen sich fürchten?? Risum teneatis!

Abgesehen aber auch von solcher, den Verfall an der
Stirne tragender „Wissenschaftlichkeit" schließen sich die
Jesuiten aus dem Reiche des forschenden Geistes schon durch
die fortgesetzte Huldigung aus, welche sie dem krassesten
Aberglauben darbringen. Nicht nur die früheren Jesuiten
etwa glaubten, gleich ihren Zeitgenossen, sämtlich an Hexerei
und Teufelsbeschwörungen, sondern ihr Ordensgenosse Gury
lehrt diese schönen Dinge noch in unseren Tagen als unzweifel-
hafte Thatsachen betrachten. Er glaubt an die Wirkung der

Wünschelrute und warnt nur vor dem „teuflischen Einfluß,“ der damit verbunden sein könnte (Comp. Pars I, No 270 ff.). Er glaubt an Zauberei mit Hilfe des angerufenen Teufels, an Hexerei als die Kunst, mit Hilfe des Teufels Anderen zu schaben, z. B. Haß oder sündhafte Liebe zu erwecken, Krankheiten oder Blödsinn hervorzurufen. Hinter dem Schwindel des Tischrückens und Tischklopfens wittert er „böse, von Gott verfluchte Geister;“ ebenso betrachtet er den sog. tierischen Magnetismus als ein teuflisches Werk. Er belehrt seine Gläubigen (a. a. O. No. 317 f.) über die Beschwörung und das Austreiben böser Geister aus besessenen Personen oder Dingen, und schreibt sogar einen Teil der Träume dem Teufel zu! Daß dieser anerkannte erste heutige Vertreter der jesuitischen Morallehre (No. 265) diejenigen lobt, welche geweihte Medaillen, Bilder oder Reliquien von Heiligen bei sich tragen, und gestattet, den Mond oder passende Zeiten zu beobachten, um Kräuter zu sammeln und dergl., ist neben dem vorhin genannten harmlos zu nennen. Der Jesuit J. v. Bouniot behauptete noch 1889, daß die heidnischen Götter wirklich existierende Dämonen gewesen, erklärte die Besessenheit durch böse Geister als Thatsache und verfocht die Meinung, daß im Magnetismus und Spiritismus Teufel spuken. —

In ihrer ganzen Geschichte haben die Jesuiten nur zwei Ordensglieder aufzuweisen, welche gegen die Hexenmorde früherer Zeit auftraten, Adam Tanner, von dem dies nur in geringerem Maße gilt, und Friedrich von Spe, welcher, zugleich Dichter, durch seine Cautio criminalis die anonym und ohne Gutheißung von Seite der Oberen des Ordens 1631 erschien, einer der ersten Bahnbrecher zur Abschaffung jenes Gräuels war und durch Anstrengung bei der Pflege Verwundeter (1635) einen frühen Tod fand. Auf ihn thun sich die Jesuiten gewaltig viel zu gut, verschweigen aber wohlweislich, daß einer der heftigsten Verteidiger der

Hexenprozesse, Martin Anton Delrio, ein in Belgien lebender Spanier (geb. 1551, gest. 1608), Jesuit war. Seine mit Genehmigung der Ordenshäupter 1693 erschienenen Disquisitiones magicae in drei Bänden sind nächst dem „Hexenhammer" das scheußlichste Buch, das gegen die armen Weiber, die man Hexen nannte, geschrieben worden ist und besteht aus den schamlosesten Verleumdungen des weiblichen Geschlechts.

Wie lange würde es daher wohl, wenn die Jesuiten bei uns wieder Eingang und vermehrten Einfluß erlangen sollten, dauern, bis sie auf Wiedereinführung der Hexenprozesse bringen würden? Ja, das sind wirklich Leute, deren „Gelehrsamkeit" weniger zu fürchten ist, als — ihr Fanatismus!

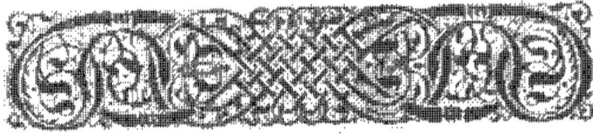

IX. Für und wider.

Der Verfasser dieser Zeilen ist weit entfernt, die Verdienste des Jesuitenordens zu verkennen. Einiges davon ist bereits anläßlich erwähnt worden; daß bis dahin nicht mehr in dieser Richtung geschah, hat seinen Grund in dem offen eingestandenen Zwecke dieser Schrift, vor der Wiederzulassung des Ordens in Deutschland und der Schweiz zu warnen. Die Jesuiten haben sich um die Ausbreitung des Christentums im fernen Ostens, namentlich in China und Japan große Verdienste erworben. Sie erwirkten 1692 vom chinesischen Kaiser Kang-hi Religionsfreiheit für die Christen und unterrichteten die Chinesen in Mathematik und Astronomie, wurden aber in Folge von Streitigkeiten mit anderen Orden und von Spannungen mit den Päpsten im 18. Jahrhundert aus China vertrieben. In Japan brachten sie schon 1581 die Zahl der Christen auf 150,000, wurden aber 1639 vertrieben, und viele von ihnen starben mutvoll den Märtyrertod. In Ostindien hatten sie im 16. und 17. Jahrhundert große Erfolge aufzuweisen, die aber zurückgingen, als die portugiesische Herrschaft zerfiel. In Abessinien bekehrten sie 1604 einen König, wurden aber noch in demselben Jahrhundert vertrieben.

Viele von ihnen starben 1561 als Blutzeugen des Christentums in einem afrikanischen Negerreiche, das damals Mono-
motapa hieß. Die größte Macht aber erlangten sie in Südamerika, wo sie aus den einheimischen Indianerzungen eine
allgemeine Sprache schufen, die durch ganz Brasilien verstanden
wird, in Paraguay aber einen großartigen Staat gründeten,
in welchem treffliche Ordnung und Gesetze herrschten. In
Nordamerika erforschten sie Canada und bauten Californien
an. Überall aber hat man ihnen, und zwar meist von katholischer, selbst päpstlicher Seite den Vorwurf gemacht, daß sie
ihre Erfolge einer Vermengung des Christentums mit den
Religionen der Völker, unter denen sie wirkten, verdankten. —

Es ist natürlich, daß bei allen diesen Unternehmungen
die Jesuiten, namentlich ihre Missionäre, namenlose Stra-
pazen zu erdulden hatten. Sie haben dieselben, sowie die
vielen Anfeindungen, die sie in Europa, teils unschuldig,
teils aber verdienter Weise erfuhren, mit großem Heldenmut
ertragen. Aber aus allen diesen und den vorher erwähnten
Thatsachen folgt mit Notwendigkeit, daß sie nur in fernen
Ländern unter Völkerschaften von geringerer Kultur, in
Europa aber nur in früherer Zeit eine wirkliche Aufgabe
erfüllen und erfüllten. Für Europa in der Gegenwart
sind sie auf allen Gebieten längst überholt und überflügelt.
Die katholische Kirche würde ohne sie und ihren Einfluß
eine viel höhere Reinheit und ehrfurchtgebietendere Stellung
einnehmen. In der Wissenschaft haben sie keinen einzigen
Namen aufzuweisen, der mit den heutigen Koryphäen auf
allen Gebieten, namentlich an den deutschen Universitäten,
von ferne wetteifern könnten. In der Krankenpflege sind
ihnen die Johanniter, die Diakonissinnen und die barmherzigen
Schwestern weit vorzuziehen. In der Politik haben sie in
der neuesten Zeit, wo sie auch waren, nur Verwirrungen
angerichtet, wenn auch daran mehr der Eifer ihrer Anhänger,
als der Orden selbst die Schuld tragen mag. Ihre laxe

Moral ist noch immer dieselbe, wie die Werke des Paters Gury zeigen, welcher lediglich die Verteidigung des Mordes aufgegeben hat. Damit fallen auch die Bemühungen dahin, mit welchen der Franzose Cretineau-Joly und der deutsche Polyhistor Franz Jos. Buß ihre Unschuld zu beweisen suchten, indem sie meinten, die lagen Moralisten des Ordens seien ja vergessen. Gewiß, man hätte sie besser vergessen sein lassen, wenn nicht Gury und Genossen sich bemüht hätten, ihre Lehren der Welt wieder in's Gedächtnis zurückzurufen.

Aus allem dem Gesagten ziehen wir noch einmal den Schluß, daß es teils überflüssig, teils schädlich wäre, den in Hinsicht seiner moralischen Lehren anrüchigen, infolge seiner Feindschaft gegen die Gewissensfreiheit schädlichen und wegen seines Strebens nach Wiedererweckung des Zauber- und Hexenwahns gefährlichen Jesuitenorden in Deutschland und der Schweiz wieder zuzulassen! —

Anhang.

ir fügen hier noch einige Erörterungen bei, welche im Texte nicht wohl angebracht werden konnten, ohne den Zusammenhang desselben zu stören. Sie beziehen sich auf den S. 62 ff. erwähnten Probabilismus, und wir verdanken sie meist dem Werke von Döllinger und Reusch, Geschichte der Moralstreitigkeiten in der röm.-kathol. Kirche seit dem 16. Jahrhundert (Nördlingen 1889).

Das Gefährliche und Bedenkliche des Probabilismus liegt darin, daß er sich nicht in erster Linie vom Gewissen leiten läßt, sondern von Ansichten und Meinungen, die naturgemäß auseinandergehen. Er hat daher mehrere Abstufungen, und ihm schließen sich Übergänge zu einem Standpunkte an, welcher nicht mehr der seinige ist. Auf die Frage nun, unter welchen Voraussetzungen man in seinem Verhalten irgend einer Ansicht folgen dürfe, antworten:

1. Der Probabilismus selbst, und zwar wieder

   a. der laxe Probabilismus oder Laxismus:

     „wenn nur irgend welche Gründe dafür sprechen oder wenn es nicht gewiß ist, daß keine Gründe dafür sprechen."

   b. Der Probabilismus im engern Sinne:

„wenn die Ansicht zwar weniger probabel, aber doch auf gute Gründe gestützt ist."

c. Der strengere Probabilismus:
„wenn die Ansicht beinahe ebenso probabel ist, wie die entgegengesetzte."

2. Der Äquiprobabilismus:
„wenn die sichere und die weniger sichere Meinung gleich probabel sind."

3. Der Probabiliorismus:
„der minder sichern Ansicht darf man nur dann folgen, wenn sie die probablere, der sicherern aber auch, wenn sie die minder probable ist."

4. Der Tutiorismus und zwar a, im engern Sinne:
„der minder sichern Ansicht darf man nur dann folgen, wenn sie die probabelste ist."

b. Der Rigorismus:
„Der sicherern Meinung muß man folgen, auch wenn die minder sichere probabler oder sogar die probabelste ist." (Vergl. Lehmkuhl Theol. moral. I. p. 59).

Wir möchten diesen Ansichten gegenüber unsern Standpunkt so formulieren: „Man muß unter allen Umständen der sichersten Meinung folgen und auf Probabilität keine Rücksicht nehmen. Die sicherste Meinung ist aber die, welche ein gebildetes Gewissen eingibt."

* * *

Der Probabilismus ist weder ursprünglich von den Jesuiten ausgegangen, noch ausschließlich von den Jesuiten, noch endlich von allen Jesuiten gelehrt worden. Aber er ist der Standpunkt von weit mehr Jesuiten als Nichtjesuiten, und seine Gegnerschaft ist unter den Jesuiten sehr spärlich vertreten, so daß man befugt ist, Probabilismus und Jesuitismus für nahezu gleichbedeutend zu halten. Wir sprechen hier natürlich nur von den Moralisten; daß im

Privatleben der Probabilismus unter den Nichtjesuiten sehr stark vertreten ist, haben wir (S. 61) bereits angedeutet. Der erste Probabilist, welcher als Morallehrer auftrat (1577), war ein spanischer Dominikaner, Bartholomäus de Medina.

Unter den nichtjesuitischen Moralisten finden wir weiter nur 14 namhafte Probabilisten. Die Bekanntesten darunter sind: Der Weltgeistliche Juan Sanchez, der reguläre Kleriker Thomas Hurtado, der Cistercienser Joh. Caramuel, der Teatiner Antonio Diana, der Dominikaner Gregor Sayre und der Oblate Martin Bonacina.

Jesuiten, welche den Probabilismus bekämpften, aber allerdings nur bis zum Probabiliorismus vorschritten, nennt man nur sieben, meist wenig bekannte: Ferd. Rebello, Paul Comitoli, Andreas Bianchi, welchem letztern, dem entschiedensten von ihnen, bezeichnender Weise der General nicht gestattete, sein Werk unter seinem wahren Namen und im Namen des Ordens herauszugeben, später Ludwig de Scilbere aus Brügge und Michael de Elizalbe, ein Spanier, noch später der General Gonzalez und Camargo.

Die bei weitem zahlreicheren und bedeutenderen Gelehrten der „Gesellschaft Jesu" stehen aber auf Seite des Probabilismus. Ihr Verzeichnis enthält 50 bis 60 Namen, unter welchen Escobar (s. ob. S. 61), von dem man sagte, daß er den Himmel teuer taufe und anderen billig ablasse, den ersten Rang einnimmt. Neben ihm sind die hervorragendsten: Gregor Vasquez (der älteste jesuitische Probabilist), Navarra, Suarez, Thomas Sanchez, Toletus, Henriquez, Peter und Kaspar Hurtado, Franz und Joh. de Lugo, Castro-Palao (alles Spanier), Emanuel Sa, Fagundez (Portugiesen), Figliuzzi, Balbello (Italiener), Bauny, Pirot (Franzosen), Lessius, Sylvius (Niederländer), Laymann, Busembaum (Deutsche). Molina, Valencia und Azor schwankten zwischen Probabilismus und Probabiliorismus.

Seit der Mitte des 17. Jahrhunderts ging der Probabilismus (meist in Folge der ihn angreifenden Provinzial-
briefe Pascals) entschieden zurück, erfuhr viele Verurteilungen
und selbst (oben S. 74) päpstliche Verdammungen, und
einige Jesuiten suchten die angefochtenen Ansichten von ihren
Orden abzuwälzen. Ihr Ordensbruder Cardenas aber ver-
teidigte die verworfenen Sätze geradezu und bestand darauf,
daß es erlaubt sei, ein Verbrechen abzuleugnen, wenn man
in Gedanken Zusätze mache (Diss. 19, c. 2, N. 14). Die
Dominikaner fielen vom Probabilismus ganz ab; die Jesuiten
aber wandten sich ihm nur noch mehr zu, und Thomas
Tamburini trieb dieses System 1654 geradezu auf die
Spitze, ebenso Anton de Sarasa (1667), welcher lehrte,
das Gewissen dürfe der Meinung eines einzigen gelehrten
Mannes folgen, auch einer fremden Meinung, die der eigenen
widerspreche, und einer probabeln mit Beseitigung der sicheren.
Als der laxeste Moralprediger aber galt der Engländer Anton
Terillus (1668). Dagegen verweigerten die Ordens-
oberen dem Jesuiten Elizalbe die Erlaubnis zum Drucke
seines antiprobabilistischen Werkes und der General Oliva
bedrohte ihn mit den schwersten Strafen. Begreiflich; denn
Elizalbe sagt von den Schriften seiner Gegner im Orden:
„Ich suchte Christus, er war nicht da. Ich suchte die Liebe Gottes
und des Nächsten, sie war nicht da. Ich suchte das Evangelium
es war nicht da. Ich suchte die Demut, sie war nicht da,
..... Das Evangelium ist einfach und widerspricht aller
Doppelzüngigkeit; es kennt nur Ja, Ja, Nein, Nein. Der
moderne Moralismus aber ist nicht einfach, sondern gebraucht
jenen doppelzüngigen Probabilismus und hat Ja und Nein
zusammen, da seine Regel die Probabilität einander wider-
sprechender Sätze ist." Ja, der Jesuit Sanvitale sprach
dem Elizalbe die Gelehrsamkeit und Tugend ab und behauptete geradezu, ein Gegner des Probabilismus habe in
der Gesellschaft Jesu keine Berechtigung!! Ebenso wies

General Oliva den Ordensmann La Culutinge[7] zurecht,
der über die schlimmen Folgen der MorallLehren Busembaums
u. a. klagte, und die Jesuiten rühmten sich der leichten Ab-
solution in ihren Beichtstühlen (Töllinger und Reusch a. a.
O. S. 64). In der Lehre von der Beichte verfochten die
meisten jesuitischen Kasuisten die Ansicht, daß zur Lossprechung
die Attrition, d. h. die Reue aus Furcht vor der Hölle,
genüge und daß die Contrition, d. h. die Reue aus Liebe
zu Gott, nicht erforderlich sei, und der französische Jesuit
Tresse ging so weit, zu behaupten: Der Mensch sei nicht
verpflichtet, Gott zu lieben (was Alexander VIII. verdammte,
Töllinger und Reusch S. 79). Gegen den in Spanien,
dem Vaterlande des Ordens, fortwährend herrschenden Probabilismus wagte der Jesuit Thyrsus Gonzalez de San-
talla seit 1670 in seinem Fundamentum theologiae moralis
aufzutreten, indem er bis zum rigorosen Tutiorismus vor-
schritt; aber der General Oliva verweigerte die Erlaubnis
zum Drucke dreimal. Innocenz XI. nahm sich seiner an
und bewirkte sogar, daß er 1687 selbst General wurde.
Als er nun ein neues Buch gegen den Probabilismus schrieb,
suchten die Assistenten dessen Veröffentlichung zu hintertreiben;
aber Innocenz XII. gestattete sie. Gonzalez starb 1705,
geisteskrank in Folge der fortwährenden Angriffe seiner
Gegner.

In der zweiten Hälfte des 18. Jahrhunderts machte
der Probabilismus weitere Rückschritte, blieb aber unter
den Jesuiten vorherrschend, welche darüber mit anderen
Geistlichen, namentlich mit den Dominikanern, in beständigem
Streite lagen. Das Parlament von Paris ließ (1762)
163 moraltheologische Werke von Jesuiten verbrennen.

Als der Jesuitenorden durch Clemens XIV. aufgehoben
wurde, setzte Alfons von Liguori (geb. 1696 bei Neapel,
gest. 1787, heiliggesprochen 1839, als Kirchenlehrer erklärt
1871), die Moraltheologie der jesuitischen Probabilisten fort

(so sagt der von den Jesuiten selbst beauftragte Geschichtschreiber des Ordens, Crétineau-Joly, Original VI, 231);
ja noch mehr, er bewirkte ihre offizielle Anerkennung in der
Kirche, die so oft gegen sie gekämpft hatte! Denn der Äquiprobabilismus Liguori's unterscheidet sich von dem eigentlichen
Probabilismus der Jesuiten nur in sehr geringem Maße,
ja beinahe gar nicht, und die heutigen Jesuiten und Jesuiten-
freunde feiern Liguori als echten Probabilisten. Er gestattet
die Zweideutigkeit, die Leugnung von Thatsachen mit Ge-
dankenvorbehalt und unter Umständen sogar den Meineid,
die geheime Schadloshaltung und die Freiheit vom Schaden-
ersatze (Döllinger und Reusch I. S. 443 ff.). Seine Lehre
ist 1879 auch von Leo XIII. bestätigt worden und der in
zahllosen Priesterseminarien eingeführte P. Gury steht
ganz auf Liguori's Schultern. Damit ist der Probabilismus,
d. h. der eigentliche Jesuitismus zur Kirchenlehre geworden.
Die Kirche hat dazu unzweifelhaft das Recht, — ob es zu
ihrem Heile dient, wird die Zukunft lehren. Der Staat
aber hat ebenso das Recht, diejenigen, die eine vom Standpunkte strenger Moral so verwerfliche Lehre in die Kirche
eingeschmuggelt haben, von sich fern zu halten und damit der
Kirche zu verstehen zu geben, daß er ihre ältere und bewährte
Sittenlehre der neu eingeführten vorziehe, die sich niemals
bewähren kann und wird!

Verlag von Max Spohr in Leipzig.

Die Gebrechen und Sünden

der Sittenpolizei

aller Zeiten, vorzüglich der Gegenwart.

Von

Dr. Otto Henne am Rhyn, Staatsarchivar.

Preis brosch. M. 2.—, eleg. geb. M. 2.80.

───────◆──── ──

Inhalt:

Der berühmte Kulturhistoriker, Dr. Otto Henne am Rhyn, behandelt in diesem Werke ein Gebiet, dessen Kenntnis im allgemeinen, nicht aber in seinen Einzelheiten bekannt ist und leider auf keinen Illusionen, sondern völlig auf nackter Wahrheit beruht, nämlich die Prostitution, deren schmachvollste Seite in dem entsetzlichen, in allen Teilen der Erde betriebenen Mädchenhandel gipfelt. Diesen wahren Schandfleck der modernen Kultur aufzudecken und eine gründliche Vertilgung desselben zu erlangen, ist der Zweck dieser Schrift, die einen ungeheuren Reichtum von Thatsachen beibringt, welche den zuverlässigsten Quellen entnommen sind.

Verlag von Max Spohr in Leipzig.

Faust
in der Geschichte und Tradition.
Mit Berücksichtigung des mittelalterlichen Zauberwesens.
Als Anhang die Wagnersage und das Wagnerbuch.
Von Karl Kiesewetter.
37 Bogen gr. 8°. Mit 33 Abbildungen.
Preis 10 Mark.

Mancher meint vielleicht, in der Faustlitteratur, die schon über 2000 Bände zählt, sei Neues nicht mehr beizubringen. Das vorliegende Werk von Kiesewetter beweist im Gegenteil, daß der naturgemäße Standpunkt für dieses Problem bisher überhaupt noch nicht eingenommen wurde. Wer Faust verstehen will, muß im Okkultismus bewandert sein. Von diesem haben aber unsere Litterarhistoriker keine Kenntnisse, während umgekehrt die Okkultisten die Faustlitteratur nicht kannten.

Das vorliegende Faustbuch dagegen ist vom Verfasser der „Geschichte des neueren Okkultismus" geschrieben, also von einem gründlichen Kenner dieses Gebietes, und so ist es kein Wunder, daß schon beim ersten Versuch, das Faustproblem unter den richtigen Gesichtspunkt zu stellen, ein Werk von 37 Bogen zu Stande kam, dessen reichhaltiges Material fast nur Neues bringt, und in Bezug auf den historischen wie traditionellen Faust aus Quellen schöpft, die bisher noch kaum benutzt wurden. Eine Darstellung der mittelalterlichen Magie, wie sie thatsächlich war, und eine sachliche Betrachtung der einzelnen magischen Künste, denen der moderne Hypnotismus und Okkultismus wieder auf die Spur kommt, läßt uns den Faust — man kann sagen zum ersten Mal — richtig verstehen. Die dem Faust zugehörigen und teilweise nur zugeschriebenen Höllenzwänge, sowie verwandte Zauberbücher des Mittelalters sind hier besprochen, und reichliche Excerpte aus den alten Drucken des 16. Jahrhunderts über den Baganten Georg Sabellicus, alias Faust lassen diese feste Gestalt gewinnen. Aber auch der dem großen Publikum fast unbekannte Famulus Wagner erhält seinen Kommentar, und interessante Illustrationen zu allen Teilen des Buches werden besonders willkommen sein.

Biewohl Kiesewetter die dichterischen Verwertungen des Faustproblems übergeht, werden die Goetheforscher doch manches finden, was ihnen neue und ungeahnte Aufschlüsse giebt.

Die Periode der litterarhistorischen Faustbücher mag also abgelaufen sein; die sachliche Behandlung des Problems aber, welches nun ganz neue Blutzufuhr erhalten hat, hat mit Kiesewetters Faustbuch erst begonnen und ist zugleich soweit geführt worden, als es nach unseren derzeitigen Kenntnissen geschehen konnte.

www.ingramcontent.com/pod-product-compliance
Lightning Source LLC
Chambersburg PA
CBHW030540270326
41927CB00008B/1457